村上千鶴子　著

ストーカー

駿河台出版社

はじめに

平成一一年の桶川女子大生ストーカー殺人事件以来、ストーカー殺人事件がマスコミをにぎわす機会が増えたが、平成一九年八月にも立川警察署の警察官による飲食店従業員女性拳銃殺人事件が起きた。これはそれ以前の待ち伏せ、住居侵入なども指摘されており、警察官という職業および市民を守るはずの拳銃による殺人事件として、さらにわれわれを震撼させた。

また、一時テレビをにぎわせた「佐世保プール銃撃事件」も記憶に新しい。事件として析出しないストーキング行為は身近でも枚挙にいとまがなく、私たちの周辺には、相当数のストーカーおよびその予備軍が潜んでいることが想像される。

平成一一年の桶川の事件を受けて、平成一二年一一月に「ストーカー行為などの規制などに関する法律」が施行されたが、その法律違反による検察庁新規受理人数は、犯罪白書によると、平成一二年には一八人であったものが、平成一三年には一二六人、平成一五年には一七六人、平成一七年には一九七人と増加の一途をたどっている。ちなみに、ＤＶ防止法違反は平成一七年には七四名となっている。警察の対応は遅れがちではあるが、近年には、インターネット上で、「ストーカー規制法について」という項目を表示し、その中で最寄りの警察署の連絡先と「ストーカー事案への対応」というチャートを提示している。その中では、事件になる前に警察に相談するよう勧めているが、近親者間などの場合、民事不介入という立場から、実際には予防的に有効な介入が出来ていないのが現状である。

また、近年の犯罪増加に対して、殺人以外の諸事犯の検挙率が平成一〇年ごろから軒並み低下している。一般市民は自己防衛を余儀なくされているのである。

ストーカーに対する市民の側の対策としては、防犯グッズの購入、民間警備会社の利用、警備の厳重な女学生専用マンションのほか、従来男子学生用であった賄《まかな》いつきの下宿が、その共同居住形態から見直されている。しかし、ストーカー事件のひとつの特徴として、家族が同居していてもその家族を巻き込んだ殺傷事件が生起しており、抜本的対策とはなっていない。

本書では、ストーカー行為を行う犯罪者および犯罪者予備軍のカウンセリング治療について述べることにする。

目次

第一章

ストーカーの定義と歴史

第一節　ストーカーの定義

平成一二年の「ストーカー行為などの規制などに関する法律」の定義では、「「つきまとい等」とは、特定の者に対する恋愛感情や好意、それが満たされなかったことに対する恨みの感情を充たす目的で、その対象又はその配偶者、親族などに対し、次の各号のいずれかに掲げる行為をすることをいう。」とあり、同法律第二条を要約すると、以下の行為を指すと定められている。

(1) つきまとい、待ち伏せし、立ちふさがり、見張り、住居などへの押し掛け

(2) 対象の行動を監視し、監視していると告げること

(3) 面会、交際を一方的に要求すること

(4) 乱暴な言動をはくこと

(5) 無言電話、または受信拒否にもかかわらず、連続して電話やファックスをすること

(6) 汚物、動物の死体その他の著しく不快な物を送付すること
(7) 対象の名誉を害することを言いふらすこと
(8) 性的羞恥心を害する手紙、絵その他の物を送付し、配布すること

そして、ストーカー行為とは、「同一の者に対し、つきまとい等（前項(1)から(4)までに掲げる行為については、身体の安全、住居などの平穏、名誉が害され、または行動の自由が著しく害される不安を覚えさせるような方法により行われる場合に限る）を反復してすること」（一部改変）をいう。つまり、特定の人に、安全をおびやかし、不安を惹起する行為を反復的に行うことである。

ストーキング stalking とは、「忍び寄ること、跡をつけること、（獲物を求めて）歩き回ること、（犯意をもって）人にしつこく近づくこと」（広辞苑）を指し、ストーカー stalker とは、「しつこく人をつけまわす者」という意味である。日本では、つきまとい、つけ狙いといった行為を指す総称的な共通の用語はないため、そのまま英語のひらがな読みが使用されている。

従来日本文化においては、暴力性において控えめな民族性を有していること、特に地方などでは古くから夜這いなどの風習があり、江戸時代までは比較的オープンな性文化があった。女性の家に男性が夜訪れて、関係を持つのであるが、その際には、狭い村社会の中でそれなりのルールがあり、女性が相手を好むこと、無理強いすれば父親が呼ばれて、場合によっては殺されるか村八分になることもあったという。しかし明治以降、貞節が重んじられるようになり、昭和初期には廃れた。また、中世には、後妻打ち（うわなりうち）という習俗があり、男性が妻と離別して一ヶ月以内に後妻をむかえたときに実施された。まず、前妻方から後妻のもとに使者がたてられ、その口上で「御覚えこれあるべく候、某月某日某刻参るべく候」と、後妻打ちに行く旨を通知する。その日は、それなりの人数を仕立てて、竹刀などをたずさえて、後妻方におしよせ、台所から乱入し、後妻方の女性たちと打ち合う。おりを見て双方の仲人たちがあらわれて、仲裁にはいり、双方を引き上げさせる。このように儀式化することによって、両者の間のわだかまりを解きほぐした。儀式・制度によって執着を断つ方策である。

以上のように、概して、明治に入るまでは性的行為に関して許容的な側面があった。また、社会的規制、体面などから、執拗さは発生しにくく、ストーカー事犯は、これまでは大きな社会問題としては浮上してこなかったと考えられる。万葉集などで指摘されているように、日本民族は本来的には素朴でおおらかな側面をもち、こだわりが少ないはずであり、開放的な家屋の構造とともに、狭い国土で周りに気兼ねしながら気配りを旨として生きてきた。つまり、日本においては、久しくつけ狙われにくい環境にあったが、近年、コミュニティの喪失とともに、住居の閉鎖性や大都市集中の匿名性から孤立主義に陥り、ストーカーが忍び寄る余地を提供することになったと思われる。ストーキングに近い行為は、恋愛問題には相当数みられる現象であり、それが犯罪性を帯びるようになったことが社会問題として憂慮されているのである。

第二節　ストーカーの歴史

ストーカーの歴史は古い。日本でも、文学上に残っているものとしては、世界最古の長編小説「源氏物語」に、源氏の足が遠のくと、嫉妬心を抑圧した六条の御息所の生霊が、物の怪として夕顔に取り付きその命を絶ったという説があり、また、源氏の正妻である葵上との牛車のいきさつから恨みを抱き、生霊として妊娠中の葵上にたたり、葵上は出産後間もなく死亡してしまう。死後も他の女性のもとに死霊として現れ、六条の御息所は実の娘によって供養されている。

ストーキング行為自体に関する記述は、ヒポクラテスの時代から何世紀にもわたって存在し、近代に限っても、例えば、ドイツの記述精神医学の祖クレペリンは、現代でいうつけ回し行動をするエロトマニア（色情妄想）に関して、パラノイア（現代の妄想性障害）の誇大型と位置づけて、「人生への失望に対する心理的補償の一種」と説明している。これは、貧富の差が著しい近代ヨーロッパの貧困層の薄幸の娘が、自分が直面する苦しい生活状況から、自身の妄想に一縷の望みを抱いて、幸福が約束されているに違いない上層階級出身の対象に懸命に接近しようとする、厳しい絶望的な現実からの逃避としての恋愛妄想であり、その背後には過酷な社会の中で弄ばれる貧者の悲惨や社会の歪みが見え隠れしている。また、著名なフランスの精神医学者ド・クレランボーは、「社会的に恵まれない女性が、地位の高い男性に向けて抱く儚い恋愛妄想としての常軌を逸した行為」と定義している。

現在は上記のような情緒は廃れ、桶川事件、立川事件のようにもっと身勝手で暴力性の高い事例が陰惨な事件をひき起こす傾向がある。

ストーカーの特性としては、ストーカー犯全般に関する、ハーモン（Harmon）らのニューヨークでの司法精神鑑定事例の調査がある。それによると、年齢、性別、人種、教育、診断名、責任能力にストーカー群と非ストーカー群の間で相違はなく、全精神鑑定事例と比較すると、ストーカー群は、白人、中年、大卒、女性が多かったという。ここからは、社会的に恵まれた知性の高い一群の人々が想起され、クレペリンらの指摘したエロトマニア像からは大きくかけ離れるものとなっている。

第三節　現代の代表的ストーカー事件

次に、ストーカーという用語が人口に膾炙し始めたきっかけの事件である「桶川女子大生ストーカー殺人事件」をはじめとして、内外の近年の代表的な事件を概観する。それによって現代のストーカーの実態を浮き彫りにしてみよう。

事件1）桶川女子大生ストーカー殺人事件

一九九九年一〇月二六日、埼玉県桶川市のJR高崎線桶川駅前で、女子大生(二一)が元交際相手K（二七）とその兄（三二）が雇った男によってストーカー行為の果てに殺害された事件である。

被害者は殺人事件に先立って、中傷、脅迫などのストーカー行為を受けており、被害者とその家族は、埼玉県警上尾署に何度も相談し、告訴状を出していたが、警察側は捜査せず放置した。殺人事件後、遺族は、埼玉県を相手取って国家賠償請求裁判を起こし、最高裁まで争ったが、警察官の怠慢と事件の間の因果関係は認められず、被告に慰謝料五五〇万円の支払いを命じた。

この事件では、首謀者による自宅押しかけ、脅迫、頻回の無言電話、誹謗中傷するビラの配布、手紙の配送、自宅に大音響の車を乗り付けるなどの嫌がらせがみられた。そして、上記の殺人事件が起きたが、埼玉県警は告訴状を放置し、被害届に改ざんするなど調書を偽造し、事件後は被害者を中傷する記者会見を開くなど、遺族の心を逆なでした。遺族は、加害者などに対して損害賠償を求め埼玉県を訴え、二〇〇六年八月に一億円余りの支払いを命じる判決が言い渡され結審する。刑事訴訟では、被害者殺害にかかわった、首謀者の兄とその仲間に、無期懲役から懲役一五年の判決が言い渡された。しかし、首謀者Kは、北海道に逃げ、そこで溺死体となって発見された。この事件を契機に「ストーカー規制法」が策定された犯罪史上重要な事件である。

これは、ストーカー行為から殺人に至った重大犯罪であり、ストーカー行為や殺人が複数の人間によって行われたという点で、通常のストーカー事件とは性質が異なる。このときの警察の対応の不誠実さは、社会的にも批判を受け、一般市民も警察には頼れないということで、民間警備会社の顧客が増えるという皮肉な事態が起きている。

事件2）佐世保銃撃事件

二〇〇七年一二月一四日午後七時過ぎ、迷彩服姿で銃を持ったM（三七）がスポーツクラブに立てこもり、ロビー、事務所、プールなどで、そこにいた数人の人に向かって銃を発射し、インストラクターの女性（二六）一名、男性（三七）一名が死亡し、数名が重軽傷を負った事件である。その数日後に犯人は自宅近くの教会敷地で自殺体で見つかった。

犯人は、銃殺した女性と男性には意図的に銃を向け、殺害の意図があったことがうかがわれる目撃証言がある。女性は、そのスポーツクラブにインストラクターとして勤めていたが、犯人が一方的に思いをよせ、交際を求めることもできないままに犯行に及んだらしい。被害者男性は、犯人の中学時代の友人で、数人がそのスポーツクラブに犯人によって呼び出されていた。

犯人の男は、それ以前から、近所では、夜遅くにトイレを借りに来たり、銃をもって外をうろついたりと奇行があり、散弾銃を所持していたことから、通報があり、警察官による訪問などもなされていたが、銃器を没収するには至っていなかった。

犯人は、学校時代、成績もよく問題なく過ごしていたが、就職すると、職場の人間関係がうまくいかず、何度か職場を変えている。コミュニケーション障害とそれにまつわる人間関係の問題があったようである。それがストレスになり、奇行があったのか、何らかの精神障害が発症していたのかは、被疑者本人が死亡しているため詳細を知ることはできない。

これは、女性被害者に注目すると一種のストーカー事件であるが、被害者が広範に及んだこと、中学時代の友人も巻き込んでいることなどから、大量殺傷事件にも発展する可能性があった。人間関係の不手際からくる問題を暴力的に清算しようとした事件である。

事件3）警察官ストーカー殺人事件

二〇〇七年八月二〇日、国分寺市で警視庁立川署のT巡査長（四〇）が飲食店従業員女性（三二）を拳銃で射殺後に自殺した事件。その年の五月ごろから、頻回の電話、自宅前での見張りなどに気付き、周囲の人に「ストーカーされている」と言っていたという。警察の捜査でも、自宅周辺をうろつくT巡査長に似た男の目撃情報を確認しており、T巡査長が女性に一方的に好意を寄せ、ストーカー行為の末に殺害したとみられている。

T巡査長は独身で、女性の勤める飲食店に行き、知り合ったらしい。巡査長の方が一方的に好意をよせ、金品を入れあげて、本来気真面目であったのが、親に借金をするようになっていたらしい。日中から女性宅を見張るなどしていたため、巡査長はパトロールに出たまま行方が分からなかったり、規定の時間までに帰ってこなかったりしたことが何度かあった。職務にも支障をきたしていたが、周囲がそれを察知するには至っていなかった。事件当日は、夜一〇時ごろ、浮浪者がいるということで通報を受け、出動したまま交番には帰らなかったが、捜索が始まったのは七時間以上が過ぎてからであった。巡査長は、思い余って、女性宅に押し入り、女性を拳銃で殺害後、自分も拳銃自殺した。報道によれば、二人の間には特に恋愛関係があったわけではないという。市民の安全を守るべき警察官が制服姿のまま、手前勝手な理由で携行していた拳銃で一般市民を射殺したという、警察不信、社会不安を増大させる重大事件である。

米国では、カリフォルニア州で一九九〇年に初めてストーキング防止法が制定されて以来、六年のうちに五〇の州で次々に法制化された。現代風の凶暴性のある事件への対処としての法整備が必要となったということであろう。

そのような現代のストーキング犯罪に関しては、一九八〇年に元ビートルズのジョン・レノンを殺害したマーク・D・チャップマンの事件や、一九八一年に女優のジョディ・フォスターに対するストーキング行為の一環として、当時大統領であったロナルド・レーガンを襲撃したジョン・ヒンクリー・ジュニアの事件が有名である。日本でも、芸能人へのつきまといや小包爆弾の送付といったことが報道されており、その意味で珍しい犯罪ではないが、今日は、一般市民が被害者として多く析出する状況になり、時に被害者の家族を巻き込んだ大量殺人に発展する事件も生起しており、看過できない犯罪行為となっている。

以下に、世界的に有名なストーカー犯罪事例を紹介する。

事件4）ジョン・レノン殺害事件

一九八〇年一二月八日、マーク・D・チャップマン（二五）は、マンハッタンの自宅に帰宅したビートルズの元メンバーであったジョン・レノン（四〇）を玄関からガレージに向かうところで射殺した。チャップマンは、元麻薬常習者であり、子どものころから何らかの精神障害の徴候があったとされている。熱心なクリスチャンであったが、世界中でヒットしたジョン・レノンの楽曲「イマジン」に人々が熱狂するのを苦々しく思っていたという。当日は、外でジョンの帰りを数時間待ち、帰宅すると、背後から声をかけ、五発の銃弾をジョン・レノンの胸に撃ちこんだ。そのうちの二、三発がジョンの胸を貫いたという。彼は、犯行後逃げることなく、サリンジャーの「ライ麦畑でつかまえて」を読みながら警察の到着を待っていたという。当時、ジョン・レノンは反戦運動をしていたため、陰謀説もささやかれたが、今ではチャップマンの単独犯行であるとされている。

事件5）レーガン大統領襲撃事件（ジョン・ヒンクリー事件）

一九八一年三月三〇日、ワシントンのヒルトンホテルで、当時のレーガン大統領(七〇)がホテルを出ようとしたとき、ジョン・ウオーノック・ヒンクリー・ジュニア(二五）が待ち伏せし、銃を六発発射した。そのうちの一部がレーガンに命中し、レーガンはジョージ・ワシントン大学病院に運ばれ九死に一生を得た。ヒンクリーは逃走せず、その場で逮捕された。その前にヒンクリーは、女優のジョディ・フォスターに、自身の存在を印象付けるため、犯行を示唆する手紙を送っていた。ヒンクリーは、映画「タクシー・ドライバー」をみて、ジョディ・フォスターに執心するようになり、そのときエール大学に在学していたジョディ・フォスターの下にしばしば現れ、自作の詩や手紙を自宅のドアの外においたり、電話をかけたりしていた。しかしジョディ・フォスターには思うように接触できず、自身の存在をジョディ・フォスターにアピールするために、レーガンの前にも当時の大統領ジミー・カーターを暗殺する目的で追い回していた。その後、精神衰弱に陥って治療を受けたりもしていたという。そして一九八一年に、先のレーガン大統領襲撃事件を起こした。裁判では、精神障害を理由に無罪となり、病院に収容されたが、二〇〇〇年に退院が許可された。しかしまだジョディ・フォスターに執着する証拠が発覚し、退院は取り消された。

第四節　昭和・平成の青少年ストーカー事犯

ここでは、昭和・平成のストーカー事件について、新聞記事をもとにした事件サイト「少年犯罪データベースドア」の報告から、概要を紹介する（表1）。

少年事件の場合には、性衝動と攻撃性の亢進した結果として事件が発生する場合が多いが、その付帯条件として何が寄与しているのかを知るのも治療上有用である。

以上は戦前の事件であるが、性衝動を純粋な恋愛感情と勘違いして、自分の純愛を受け入れない相手、それを助ける相手の家族・周囲の者を恨み、短絡的に凶行に及ぶ者が戦前にも少なからずいたということであろう。犯行後、自殺を図っているケース

表１．昭和平成の青少年ストーカー事件（戦前編）

事件生起年	加害者	被害者	殺傷方法	事件の態様
昭和６年	18、９歳	片思いの相手12、３歳	日本刀斬殺、	片思い失恋、一方的思い込み、自己中心的行動
昭和12年	18、９歳	片思いの相手の店の従業員17、８歳	日本刀傷害	片思いの相手を脅迫、相手が他の店に移ったのを、被害者のせいと思い、恋愛を邪魔されていると恨みを抱いた。その後自殺企図、放火による証拠隠滅、計画的犯行の可能性もあり。
昭和19年	16、７歳	同性愛の相手12、３歳始め一家３人殺害、放火	出刃包丁、ナイフ	友人と会えないことを苦に、逢えなくなった、愛する相手を殺して独占するという独善的、自己中心性。殺害後放火で証拠隠滅を図り、家が全焼すると戻ってきたところは、計画的ではあるが、後先を考えない稚拙な計画性であった。

が三件中一件であった。以上、戦前までの青少年ストーカーは、数が少なくて、断定は出来ないが、男女交際のもつれ、片思いからの失恋などが主である。

それは戦後も継続するが、二〇年代は一件であったものが、三〇年代に入ると八件、四〇年代には七件、五〇年代七件、六〇年代三件、平成一一年までで五件となっている。昭和三〇年代から四〇年代にかけては、スター・ストーカーがあわせて五件と比較的多く出現している。その頃には、戦後の復旧とともに、市民生活にも多少とも余裕ができ、映画産業、テレビなどが普及した影響もあるだろう。女性犯罪は、三四件中三件と少ない。米国の性別比では女性ストーカーによる犯罪は三〇％というデータもあり、青少年の統計ではあるが、日本では女性によるものは少ない。ストーカー殺人は一方的とはいえ、愛憎の気持ちが強く、殺害方法は暴力的である。自首を勧めるべき母親が死体遺棄の共犯になった事例も出現している（表2）。

ストーカーの実態についてのイメージを得るために、以下、ストーカーの諸相、ストーカーの分類について言及し、その後、ストーカーの精神病理とカウンセリングについて言及する。なお、ストーカーの分類については、多くの研究者がそれぞれの立場から様々な提唱をしているが、その一端を示し、のちに筆者の分類を提唱することにする。

表２．昭和・平成の青少年ストーカー犯罪（戦後編）

事件生起年	加害者	被害者	殺傷方法	事件の態様
昭和22年	19、20歳、農家の６男	隣家の家族50歳、19歳	薪割り、刃物で殺害	都会から疎開してきた隣家の女性に恋心を抱き、結婚を拒否され、家族にも冷たくあしらわれたため、その父親と兄を殺害。
昭和31年	18歳	恋人とその母親	ナタで傷害	結婚の約束が破たん後も、執拗に結婚を迫り、相手と母親を傷害。凶行後自殺企図するも死に切れずに自首。
昭和32年	19歳女子女中	美空ひばり	塩酸300グラムを顔にかける	スター・ストーカー。はじめはスターに憧れ、その行く先々についてゆくが、自分とスターの境遇の差や独占できないことから、憎しみ、嫉妬心を抱き、凶行に及んだものであろう。
昭和32年	16歳	島倉千代子	殺害計画し上京、無賃乗車で逮捕	スター・ストーカー。熱心なファンになっていたが、それだけでは飽き足りず、頻回に電話をかけ、会いに行き、拒否されると、恨みを抱く。自己中心的な人格がうかがわれる。

昭和33年	18歳	世話になっていた家族の娘と叔母	レイプ殺人、強盗殺人	恩を仇で返した反社会性人格を強く疑わせる事例。追い詰められて自殺を図ったが、軽い火傷で終わっている。良心の呵責というよりは、短絡的行動と思われる。家族同様に厚遇されていたにもかかわらず、キスを拒まれると相手を絞殺してレイプするという抑制の欠如。また、その後、逃走のためか、恩になった家で強盗を働き、それを見つけた家人も殺害するなど、冷血あるいは情性欠如の存在が疑われる。
昭和33年	17歳	幼馴染みの片思いの相手17歳	シノでめった刺しの惨殺	駅で待ち伏せし、告白したが相手にされなかったため、駅で惨殺。小中学校の同級生で、隣同士。相手は、成績優秀、美人高校生。本人は中卒。
昭和34年	21歳、18歳	交際を申し込み断った女子高生17歳	誘拐、レイプ、傷害	家を出たところをタクシーで誘拐。暴行するも言うことを聞かないため、ナイフで傷害、レイプ
昭和35年	16歳	島倉千代子	ダイナマイト爆弾	スター・ストーカー熱狂的ファンが脅迫状、爆弾を玄関に投げ入れる。

昭和35年	19歳	恋人26歳	自動車追突、傷害	最近冷たくなった恋人と無理心中をしようと車を追突させる。
昭和40年	17歳高校生	思慕する女性24歳	出刃包丁、傷害	深夜女性宅に侵入、寝姿を見ようとしたが家人に発見され、女性と両親に切りつける。知能は正常だが、情緒的結びつきが希薄で、独善的。
昭和41年	18歳 農業手伝い	こまどり姉妹	心中企図の傷害、１か月の重傷	スター・ストーカー。こまどり姉妹を刺殺し心中しようとして、割腹自殺を企図するも、１か月の重傷。１年後、首つり自殺。
昭和41年	19歳日大生	都はるみの妹	刺傷	スター・ストーカー。熱狂的ファン。自宅をたびたび訪問したが入れてくれないことに腹を立て、包丁を買って復讐にきた。
昭和42年	17歳 中卒	見知らぬ女子工員、店の主人と妻	女子工員殴打３か月の重傷、店の主人殺害。	スター・ストーカー。園まりを独り占めするために殺そうと思い、度胸をつけるために、通り魔事件を起こし、また勤め先の主人夫婦を殺傷した。

昭和46年	19歳	片思いの相手の一家4人殺傷	包丁で刺殺、階段から落とす。	中学時代の同級生の次女に恋していたが相手にされなかったため、寝姿を見ようと深夜自宅に侵入。次女は旅行でこの日は家にいなかった。
昭和49年	18歳 高校3年生	16歳、元恋人。	ナイフで刺殺	高3生はバレー部の人気者だったが、2度自動車を盗んで退学し、女子は避けるようになった。冷たい態度に怒ってナイフを持って自宅へ押しかけ、病気就寝中の女子を10回以上刺した。
昭和49年	18歳女性	不倫相手の妻29歳	包丁で刺殺	家に来て妻に離婚を要求して拒否され、不倫相手にも冷たくされて包丁で自殺しようと、相手宅に押しかけ、自殺を止められもみ合ううちに妻に包丁が刺さったという。人殺しと言われ逆上して、40回めった刺しにした。強盗を装っていた。
昭和51年	19歳	冷たくなった短大生18歳	絞殺	付き合っていた彼女の態度が冷たくなり、交際を続けるよう言ったが、受け入れられなかったため逆上した。自首。

昭和52年	高３生	同性の片思い相手	牛刀で刺殺	同級生の片思いの相手を待ち伏せして殺害した。現場には30センチの「丑の刻参りのワラ人形」が残されていた。犯人は、遺書を書いて自宅で首吊り自殺。その前にも、殺してやると脅迫状を送りながら、裏にはI love youと書いてあった。
昭和53年	高校２年生	片思いの相手高校２年	レイプ殺人	中学の同級生で、片思いの女子の寝姿を見たいと思い深夜に部屋に潜んだが見つかったため、マフラーで首を絞め、レイプ、逃走した。
昭和53年	高３生	片思いの相手に振られて、一家を殺害しようとした。	ガス中毒死を企図	女子にラブレターを送ったが、女子が野球部員と交際するようになったため、部室にガソリンをまいて全焼させた。さらに迫ったが相手にされず、殺人計画を立て、深夜に女子宅のプロパンガスを細工して、ビニールテープで目張りをしてガスを充満させ、女子を一家ごと殺害しようとしたが失敗。短絡的であるが計画的。

昭和56年	高２女子	片思いの同級生男子	刺身包丁で刺殺	男子は人気があり、好意を持ち接近しようとしたが、冷たい態度をとられたため死にたいと思い、相手も殺そうと決意した。ふられた相手を教室で刺殺。
昭和56年	高３	幼なじみの高３生	絞殺、包丁で刺殺	好意を抱いていた女子をレイプしようと計画、電話で弟を外出させ、隣の家も、子供が交通事故で入院したと女子に告げさせて留守にしてから覆面で侵入し、バットで頭部を殴った。女子は激しく抵抗し、顔も見られたのでコードで絞殺してから台所にあった包丁でめった刺しにした。親戚関係。計画性が高く、残忍。

昭和59年	高３生	文通中の17歳高校生、意図した相手ではない。	小包爆弾	中学の先輩の短大生(18）に交際を断わられ、呼び出すとボーイフレンドとやって来たため恨み、「腕の一本も吹き飛べば不幸になる」と爆弾を送ることを計画。犯行を隠蔽するため第３者を経由して短大生に小包爆弾が届くよう計画し、文通中だった女子高校生に不幸の手紙を装って郵送したところ、女子高生が中身を確かめるため小包を開封したところ爆発した。
昭和60年	高２生	警察官	ボーガン	恋人が冷たくなったので、ピストルを奪って彼女を殺し、自分も死のうと思い、深夜に、派出所の巡査にボーガンを撃って逃げた。巡査は助かり、あとを追ったが、少年はナイフを振り回し、威嚇射撃でも抵抗するので、巡査は右足を撃ち、集まってきた住民10人と取り押さえた。男子は、成績優秀でまじめな性格であったという。

昭和62年	19歳 浪人生	交際を拒否した女性19歳	溺死？	ラブホテルで、専門学校生女性が浴槽に沈められ殺害された。高校の同級生で、交際を求めたが拒否されカッとなって殺したもの。
昭和62年	18歳	女性の継母32歳	絞殺	交際していた女性18歳が去ったため、よりを戻そうと自宅に押しかけて、激昂し、母親を絞殺した。
平成８年	17歳、無職	高２女子。恋人	殴打、絞殺	女子高生の自宅で、交際中の無職少年が、女子の態度が冷たくなったことに立腹しスパナで頭を殴打し、紐で絞殺した。
平成８年	高校２年生 17歳	交際中の女子高２年生16歳	金槌殴打、絞殺、死体遺棄	別れ話から女子高生とケンカとなり、金槌で頭部を殴打しさらに、両手で首を締めて殺害した。その後、母親と共謀して、死体を車で運んで山林内に遺棄した。
平成８年	18歳 専門学校生	片思いの相手の妹	殴打殺人、放火	片思いの女性に交際を迫るため、女性宅に侵入、その妹に見つけられ、バットで殴打殺害、証拠隠滅のため放火。女性が皆に親切なのを、自分に好意があると思い込んでいた。

平成11年	19歳東大生	同級生20歳	刺傷	大学近くの路上で、大学２年生男子が同じ学部の２年生女子を包丁で刺して重傷を負わせた。想いを寄せていたが相手にされず「一生忘れられない傷を負わせたかった」と殺意を否定した。
平成11年	17歳 無職	女子高校生 17歳	果物ナイフで刺殺	元同級生の女子高生に好意を抱いて２年前からつけ回していたが、他の男性と交際しているのを知り、殺そうと計画した。女子を登校日に待ち伏せして、胸や背中を刺して殺害した。

第二章

ストーカーの諸相と分類

第一節　ストーカーの諸相

キルケゴールは、その著書の中で、自身のストーカーまがいの行為に言及している。また文学においても、『ジャン・クリストフ』の中に「アントワネット」という章があるが、そこでは、主人公のジャン・クリストフが街ですれ違った女性に淡い恋心を抱きながら、すれ違うさまが美しく描かれているが、ストーカーと呼ばれなかったのは、つけ回しや脅しをしていないからである。昔は好意を抱いても、心の中でほのかな思いをもち、ひそかに遠くから相手の姿を見るにとどめ、また会えるきっかけなどがあれば、次第にその恋が育っていくものであったが、現代のストーカーは、相手の思いを斟酌せず、一方的に思いを募らせ、突然目の前に現れたり、居宅に侵入したりと、別の意味でひそやかではあるが、謙虚さや抑制の失われた犯罪行為ともいえる強引な手段をとる。

文学の中のストーカー

前述の源氏物語のほかにも、ストーカーの登場する文学は結構ある。ここでは、夏目漱石の『こころ』、川端康成の『みずうみ』をとりあげる。

夏目漱石『こころ』

この小説では、日本人の甘えを表しているということで、土居健郎『甘えの構造』の中で精神分析学的解釈がなされている。主人公である「私」は、「先生」に惹かれ、執着を示すが、「先生」はそれを拒絶し、自身の若い頃の体験を「私」に遺書の形で述べる。

追いかけの例としては、

「…それで翌日もまた先生に会った時刻を見計らって、わざわざ掛茶屋まで出かけて見た。…先生が昨日の様に騒がしい浴客の中を通り抜けて、一人で泳ぎ出した時、私は急にその後が追い掛けたくなった。…私は次の日も同じ時刻に浜へ行って先生の顔を見た。その次の日にもまた同じ事を繰り返した。」

先生も、後をつけられていることを知って、言う。

「あなたは物足りない結果私の所に動いて来たじゃありませんか」

「それはそうかも知れません。しかしそれは恋とは違います」

「恋に上る階段なんです。異性と抱き合う順序として、まず同性の私の所へ動いて来たのです」

「私には二つのものが全く性質を異にしているように思われます」

「いや同じです。私は男としてどうしてもあなたに満足を与えられない人間なのです。それから、ある特別の事情があって、なおさらあなたに満足を与えられないでいるのです。私は実際お気の毒に思っています。あなたが私からよそへ動いて行くのは仕方がない。私はむしろそれを希望しているのです。しかし……」

私は変に悲しくなった。

「私が先生から離れて行くようにお思いになれば仕方がありませんが、私にそんな気の起った事はまだありません」

先生は私の言葉に耳を貸さなかった。

「しかし気を付けないといけない。恋は罪悪なんだから。私の所では満足が得られない代りに危険もないが、——君、黒い長い髪で縛られた時の心持を知っていますか」

「あんまり逆上ちゃいけません」と先生がいった。

「覚めた結果としてそう思うんです」……

「あなたは熱に浮かされているのです。熱がさめると厭になります。私は今のあなたからそれほどに思われるのを、苦しく感じています。しかしこれから先のあなたに起るべき変化を予想して見ると、なお苦しくなります」

「私は私自身さえ信用していないのです。つまり自分で自分が信用できないから、人も信用できないようになっているのです。自分を呪うより外に仕方がないのです」

「そうむずかしく考えれば、誰だって確かなものはないでしょう」

「いや考えたんじゃない。やったんです。やった後で驚いたんです。そうして非常に怖くなったんです」

……

「とにかくあまり私を信用してはいけませんよ。今に後悔するから。そうして自分が欺かれた返報に、残酷な復讐をするようになるものだから」

「そりゃどういう意味ですか」

「かつてはその人の膝の前に跪いたという記憶が、今度はその人の頭の上に足を載せさせようとするのです。私は未来の侮辱を受けないために、今の尊敬を斥けたいと思うのです。私は今より一層淋しい未来の私を我慢する代りに、淋しい今の私を我慢したいのです。自由と独立と己れとに充ちた現代に生れた我々は、その犠牲としてみんなこの淋しみを味わわなくてはならないでしょう」

私はこういう覚悟をもっている先生に対して、いうべき言葉を知らなかった。

……

（遺書の部分）

Ｋが理想と現実の間に彷徨してふらふらしているのを発見した私は、ただ一打で彼を倒す事ができるだろうという点にばかり眼を着けました。そうしてすぐ彼の虚に付け込んだのです。私は彼に向って急に厳粛な改まった態度を示し出しました。無論策略からですが、その態度に相応するくらいな緊張した気分もあったのですから、自分は滑稽だの羞恥だのを感ずる余裕はありませんでした。私はまず「精神的に向上心のないものは馬鹿だ」といい放ちました。これは二人で房州を旅行している際、Ｋが私に向って使った言葉です。私は彼の使った通りを、彼と同じような口調で、再び彼に投げ返したのです。しかし決して復讐ではありません。私は復讐以上に残酷な意味をもっていたという事を自白します。私はその一言でKの前に横たわる恋の行く手を塞ごうとしたのです。

……先生は、Kの下宿のお譲さんへの恋をなじった後、奥さんにお嬢さんと自分の結婚の約束を取り付け、Kは、自分自身を責めながら自殺する。先生は、自分がKにした仕打ちに長年罪悪感を覚えながら過ごし、結局は自殺を決意し、私に長い遺書を残す。

コメント

「先生」のKに対する気持ちは、恋愛感情であったかどうかは別として、少なくとも執着はかなり強かった。そしてそれは、作中の言葉を借りれば、「かつてはその人の膝の前に跪いたという記憶が、今度はその人の頭の上に足を載せさせようとするのです。」ということになる。脅迫的ストーカーの心性に通じる攻撃性である。その執着が、ストーキングの重要な一要素となるが、それは恋愛とは限らないともいえるし、それも恋愛に含めるともいえる。恋愛であるか、肉体関係があるかは、その際大きな問題ではないという立場である。

この場合、先生もKも私も男性なので、同性愛になるが、ストーカーの場合には同性に向く場合がかなりある。特にスター・ストーカーの場合は男性が男性を追いかけるということは多い。これは、恋愛感情というよりは、初めは憧れから追いかけ、次第に自分を相手に同一視しスターになるあるいはスターと自分を同等の価値のあるものとみなす一種の自己愛の歪んだ姿なのかもしれない。

川端康成『みずうみ』

気に入った女性をみつけると後をつけずにはいられない性癖を持つ主人公桃井銀平が描かれている。

「一度おかした罪悪は人間の後をつけて来て罪悪を重ねさせる。悪習がそうだ。一度女の後をつけたことが銀平にまた女の後をつけさせる。水虫のようにしつっこい。つぎからつぎへひろがって絶えない。」

「みずうみ」は、みずうみのほとりにあった家に一緒に暮らした母を想う劣等感に悩む男が、女のあとをつけまわす物語である。

別れがたい女性と出会ったときにつけ回さずにはいられない心情を、銀平は湯女を相手に次のように語っている。

「妙なことを言うようだが、本当だよ。君はおぼえがないかね。ゆきずりの人に行きずりに別れてしまって、ああ惜しいという……。僕にはよくある。なんて好もしい人だろう。なんてきれいな女だろう。こんなに心ひかれる人はこの世に二人といないだろう、そういう人に道ですれちがったり、劇場で近くの席に坐り合わせたり、音楽会の会場を出る階段をならんでおりたり、そのまま別れるともう一生に二度と見かけることも出来ないんだ。かといって、知らない人を呼びとめることも話しかけることも出来ない。人生ってこんなものか。そういう時、僕は死ぬほどかなしくなって、ぼうっと気が遠くなってしまうんだ。この世の果てまで後をつけてゆきたいが、そうも出来ない。この世の果てまで後をつけるというと、その人を殺してしまうしかないんだからね。」

つまり、つけ回しの究極には相手を独占するための殺人が待っているが、そこまでは出来ないという判断力と自制心はある。

両親を失った主人公は、東京で教職につくが、女とすれ違った瞬間に理性を失い、いつの間にか女のあとをつける。主人公の回想の中には三人の女性が存在し、現在には一人の女性が登場する。

回想の第一の女性水木宮子は、老人に囲われ、若さを浪費する老人への復讐のためか、すれちがった男たちに自分のあとをつけさせる。男にあとをつけられるのは美貌のせいではなくて、自分が魔性を発散しているためだと自覚している。人間の中には魔族がまぎれこんでいると言う。見知らぬ二人がすれ違った瞬間に、男は女のあとをつけることを、そして、女は男にあとをつけられることを確信する。

回想の中の第二の少女は、銀平によって魔性を見い出される女として描かれている。銀平の中学の教え子である玉木久子は、銀平にあとをつけられるうちに、懇ろになり、親の反対もあって、転校し、主人公は退職する。主人公に陶酔していく少女の姿は、思春期の少女の一途さを現しているが、その終わりも潔い。

その回想の間に、いとこのやよいとの思い出を通して両親の記憶が交錯する。物語は、主人公が第三の少女町枝を見つけたところから展開する。少女を見つけてつけ回し、話しかけるが、しかし、少女はツンとすまして通り過ぎる。それまでにつけ回した女たちとは明らかに違う。主人公の心には、自分を魔界から救い出してくれるのではないかという期待が湧き上がる。この少女は、回想の第一の女性水木宮子の弟の友人と付き合っている少女であり、その後の展開に余韻を残している。銀平はこの町枝に出会った時に次のように感じている。

少女は白い毛糸のセエタアを着て、…。この短めのズボンとズックの運動靴とのあいだに、少女の白い足がのぞいていた。…この少女の奇跡のような色気が銀平をとらえてはなさなかった。赤い格子の折りかえしと白いズックの靴との間に見える、少女の肌の色からだけでも、銀平は自分が死にたいほどの、また少女を殺したいほどの、かなしみが胸にせまった。

コメント

川端康成は、日本人の静かな情念を描かせたら右に出るものがない作家と言われているが、魔性の女、魔族を描いて賛否両論の書評があった作品である。ここでは、つけ回しは、抗いがたい魔族の運命のように描かれ、それを救済するものは、魔ではなく、清純な少女でしかないという少女神話のような描き方である。現代のドライな心性には、冬の保湿効果のような、闇の美を形成し、昼間の美しさとは違った、月の効用ともいうべきものがあるのかもしれない。ストーカーとしてみると、お互いに呼び合う魔族の場合、相手も望んでいると確信するであろうし、エロトマニアに近い心性ではある。川端の描く作品中のかなしみは、自死や他殺につながる切なさがあるようで、それを皮相的にとらえれば愛ゆえの殺人を肯定しているようにみえるが、そうではなくて、そのかなしさが身体に深く沁み込んでくる様を「死」や「殺す」という言葉で表現しているのであろう。

川端がこの作品で描いた心性は、確かにあるが日常的にあるわけではなく、ごく稀に出くわすものではないだろうか。これには生物学的差に基づく男女差があるようにも思われる。この心性で日常を生きている場合には、ストーカーを含めて性的間違いが起きやすいし、それを正当化・美化するのも女性には難しいのではないだろうか。

映画の中のストーカー

近年のストーカー映画は、暴力性が色濃く、多くは恐怖ばかりをあおるスリラーか暴力映画の域を出ないものが多いが、映画の中のストーカーには、さまざまなバリエーションがある。ほとんど恐怖映画としかいえないものから、共感を呼ぶものまでさまざまである。一例を挙げれば、恋愛の破綻をきっかけとして、ストーカー行為を続け、最後には精神に破綻をきたす『アデルの恋の物語』（一九七五、監督：フランソワ・トリュフォー、主演：イザベル・アジャーニ）、ロバート・デ・ニーロの凄みが迫力を持って迫ってくる『ケープ・フィアー』（一九九一、監督：マーティン・スコセッシ、主演：ロバート・デ・ニーロ）、気まぐれな浮気の対象が人格障害の女性であった場合の怖さが描写された『危険な情事』（一九八七、監督：エイドリアン・ライン、主演：マイケル・ダグラス、グレン・クロース）、ストーカーの狂気の増悪する過程が緻密に描かれた『ザ・ファン』（一九九六、監督：トニー・スコット、主演：ロバート・デ・ニーロ）、ただの恐怖映画でしかない『ザ・ストーカー／狂気の愛』、ある他人の家族への思いが一時的な狂気をきたし、ストーカー行為を引き起こしたが、惨劇には全く発展していないといころから観た者の共感を呼ぶ『ストーカー』（二〇〇三、監督：マーク・ロマネク、主演：ロビン・ウィリアムズ）は、ストーカーの肯定的一面を描いて一種趣の異なったストーカー映画に仕上がっている。

その中でも、余韻の残るものとしては、自己破壊的結末を迎える『アデルの恋の物語』があり、またストーキングの経過、ストーカーの心理が明らかに示されている『ザ・ファン』が代表的なストーカー映画といえよう。（これについては拙著『心の病の現在1　ストーカー』参照）

第二節　ストーカーの分類

ここでは、ストーカーをさまざまな視点から分類した先行研究を紹介し、ストーカーの疾病背景について明らかにする。ここでは、拙著『心の病の現在1　ストーカー』から、一部改訂引用する。

一、疾病論的分類

㈠ゾーナ Zona（一九九三）

ゾーナは、ストーキングは強迫的ハラスメントであるとして、以下の様に分類している。

①純粋エロトマニア……それ以前に加害者と被害者の間に関係はなく、被害者は加害者の妄想性障害のターゲットとして加害者に一方的に選ばれてしまったもの

②先行関係なく、妄想性障害以外の一次診断を持つ者（統合失調症、躁うつ病、適応障害など）

③単純強迫…元恋人、元夫婦など先行関係の破綻

㈡カート Kurt（一九九五）

カートは、ストーカーを、精神病群と人格障害群に分けた。前者は、精神症状として、被害妄想、恋愛妄想に駆られてストーキング行為を行い、性格の著しい偏りを示す後者の人格障害群では、妄想性人格障害、境界性人格障害の関与が多いと考えられており、他に自己愛性人格障害もある。

㈢メロイ Meloy（一九八九）の分類

エロトマニア Erotomania を「妄想型」と「境界型」に分けている。

妄想型は、「自己に関係付けられた訂正不能な間違った愛の確信」が突然あるいは徐々に広がり、自己の妄想世界を構築する型である。境界型は、現在の人格障害に該当する型で、自身が愛されているとは思っていないが、対象に極端に執着し、自分の価値を示すことで愛情が得られると思い込んでいる型である。これは、女優ジョディ・フォスターのストーカーとして有名なジョン・ヒンクリーが該当する。ヒンクリーは、ジョディ・フォスターの周辺に付きまとい、埒があかないと見ると、彼女への愛を示すためにはじめはカーター大統領をつけ狙い、それが首尾よくいかないとレーガン大統領を襲撃した。このカテゴリーに属するストーカーは、精神病型ストーカーにおける精神疾患以外の何らかの精神障害を有している。

つまり、疾病分類の見地から検討すると、妄想性の精神病群、人格障害群、その他に分類される。

二、関係性からの分類

ライト Wright（一九九五）の分類

ライトは、以下の様な分類を提唱している
①親しくない関係で妄想を伴なわないもの
②対象と親密な関係のあったもの（妄想の有無は問わない）
③エロトマニア（恋愛妄想を伴なうもの）

①は、電車の中や通りがかりに偶然出会った人に一目惚れして、一方的に好意を寄せ、つきまとうような場合で、対象が自分のことを知らないことは承知している。いずれ対象に脅迫的な行為をするまでは、気付かれない場合が多い。

②は、元夫や元恋人といった者が、別れた後も対象に執着し続け、対象の気持ちには関係なく、関係を再開しようとしたり、周辺の近親者を邪魔者と見て、場合によっては危害を加えたりする一群である。粗暴な犯罪に結びつきやすい。

③は、事実ではない恋愛妄想を抱き、対象と自身とが愛し合っていると確信して、その愛を成就するために、相手に押しかけ迫る者である。これは、古くから精神病理学的研究の対象になっており、クレペリン kraeplin、ド・クレランボー d'Clerambault

などの報告が有名である。

③のエロトマニア（色情狂）については、いくつかの分類がある。ド・クレランボーは、エロトマニアを、「自身より上流階級の人と恋愛関係にあり、相手が先に見初めて言い寄ったと信じているもの」と定義している。そしてエロトマニアを「純粋型」と「派生型」とに分類している。「純粋型」は、特に理由なく突然妄想が広がり、対象をつけまわす。「派生型」は、徐々に妄想が発展し、まとまりなく悪化してゆくものであるという。

三、動機からの分類

ハーモンら Harmon et al.（一九九五）の分類

①恋愛感情型、②被害・憤怒型を提唱しており、前者では、対象に一方的な恋愛感情を抱きつけまわす型であり、後者は、対象に何らかの恨みを抱き、つけまわす型である。

四、動機・関係性と疾病との融合的分類

表3．疾病ごとのストーカー類型の出現頻度（福島章「ストーカーの心理」より転載）

	スター・ストーカー	エグゼクティブ・ストーカー	イノセントタイプ	挫折愛タイプ	破婚タイプ
精神病系	しばしば	しばしば	しばしば	まれ	まれ
パラノイド系	しばしば	時々	しばしば	時々	まれ
ナルシスト系	時々	まれ	時々	しばしば	時々
ボーダーライン系	まれ	まれ	まれ	しばしば	時々
サイコパス系	まれ	まれ	しばしば	時々	しばしば

しばしば
時々
まれ

㈠　福島（一九九七）の分類（表3）

五種の行為類型（イノセントタイプ、挫折愛タイプ、破婚タイプ、スター・ストーカー、エグゼクティブ・ストーカー）と精神病理学的類型（精神病系、パラノイド系、ボーダーライン系、ナルシスト系、サイコパス系）の組み合わせの出現頻度を考察し、特徴を抽出している。

イノセントタイプは、まったくの他人、職場の同僚などで、被害者には全く責任のないもの。

挫折愛タイプは、何らかの恋愛関係の崩壊によるもの。

破婚タイプは、結婚などより親密な関係の破綻からストーキング行為が始まるもの。

スター・ストーカーは、俳優やテレビタレントなどに付きまとうストーカー。

エグゼクティブ・ストーカーは、医師、弁護士、大学教授、会社役員など比較的社会的地位の高い職業にある人をつけまわすストーカーである。

精神病群系は、妄想型の統合失調症が発症しており、恋愛妄想、被害関係妄想などによりストーカーとなるものを指す。

パラノイド系は、妄想性障害、妄想型人格障害など、妄想は持っているが、妄想以外の点では正常者と変わらない一群である。純粋エロトマニアもここに入る。

ボーダーライン系は、境界性人格障害、情緒不安定性人格障害などといわれている一群で、安定した人間関係がもてない、愛憎の入れ替わりの激しい、見捨てられ不安の強い一群である。

ナルシスト系は、自己愛性人格障害など、自己中心的で自負心が強く、過大な自己評価をもち、拒絶されると強い攻撃性を示す一群である。

サイコパス系は、反社会性人格障害など、暴力犯罪、凶悪犯罪を犯しやすい一群で、相手の感情には無関心なため、恋愛妄想は持たないが、自分の気持ちを一方的に押し付けようとするタイプである。

福島によると、精神病系ストーカーは現実感覚が希薄なため、芸能人やスポーツ選手などのスターやエグゼクティブ、また偶然出会った見ず知らずの他人（イノセントタイプ）を相手にするという。

パラノイド系（妄想性障害、妄想型人格障害など）は、精神病系よりは人間関係が結べるが、もともと関係のない他人に一方的に惹かれて近づく傾向があるという。

ナルシスト系（自己愛性人格障害など）は、自己中心的で、誇大性があるため、恋人に振られたり捨てられたりするのが我慢できない。また、自己をスターと同格であるとみなし、時にスター・ストーカーになる。

ボーダーライン系は、情緒が不安定であるため、愛憎が激しく入れ替わる。かつて関係のあった相手を対象にするところから、挫折愛タイプ、破婚タイプが多い。

サイコパス（精神病質）系（現在の反社会性人格障害など）は、最も犯罪性の高い群で、暴力的・攻撃的な行為を犯しやすい。社交性はあるので、関係を結ぶことはできるため、破婚タイプにもみられるし、手当たり次第に手を出す面もあり、イノセントタイプやスター・ストーカーにも見られるという。

福島の精神病理学的分類は、疾患ごと、対象ごとに頻度が示され分かりやすくなっているが、疾患分類に関しては、カートの精神病群と人格障害群の細分化である。

㈡　ミューレンら（二〇〇〇）の分類

ミューレンらは、これまでのストーキング犯罪を総括して、表4のような、分類を提唱している。

ストーキングの動機に関わる要因から分類すると、拒絶型、求愛型、憎悪型、略奪型、無資格型があるという。

「拒絶型」ストーカーは、恋愛関係破綻後の和解、報復を目的としたもので、ライトの分類では、②対象と親密な関係のあったもの（妄想の有無は問わない）、ゾーナの分類の③単純強迫に当たる。

「求愛型」は、最も執拗な型で、ありとあらゆる手段を講じる。統合失調症から自己愛性人格障害まで精神障害者の比率が高い。自身の愛は必ず報いられると信じている。その示す愛は、ロマンティックなものに限らず、父性愛、母性愛、子供の愛、友愛などであるが、対象に強いこだわりを持っている。相手の愛を信じているので、相

表4 ミューレンらのストーカー分類——動機による分類

類 型	特 徴
①拒絶型	対象は元パートナー、和解拒絶への復讐、関係維持的、対象の苦痛には無頓着
②求愛型	対象と相思相愛の関係を築こうとする。精神病理は、統合失調症から自己愛性人格障害までさまざま。相手の反応に構わず、自分の意思を押し付ける。相手を理想化する。相手と親密な関係を築くことで頂点に達する。現実の孤独の解消をはかる。執拗。
③憎悪型	目的はターゲットに不安と恐怖を与えること。侮辱への仕返し。嫌がらせによる支配感 自身の行為を正当と認識している。自身を被害者と認識している。
④略奪型	男性。性的攻撃の準備。目的は現実の攻撃であり、脅しや警告ではない。 自己評価と対人関係に欠点がある。対象は、老若男女を問わない。知的障害者も含まれる。
⑤無資格型	精神障害の程度は低いが、鈍感で無神経。知的障害者も含まれる。始めから無遠慮で不適切な手段をとる。

手の反応にはお構いなしに、自分の愛を押し付ける。相手との親密な関係の成就で頂点に達すると信じている。相手を極端に理想化する。現実には孤独な人生を送っており、それを解消するためにストーキングをしている。

「憎悪型」ストーカーは、対象に恐怖と不安を与えることが目的のストーカーである。自分や自分の所属する団体を侮辱したとストーカーが信じている相手に報復するためにストーカー行為をする。相手への嫌がらせによって支配欲を満足させる。自分の行為を正当化し、自分を不平等の被害者であるとみなしている。

「略奪型」ストーカーは、同性のスティーブン・スピルバーグ監督をレイプしようとつけ狙ったジョナサン・ノーマン（現在二五年の刑で服役中）のように、多くは対象を性的にいたぶるためにつけ狙う。被害者は事態が決定的になるまでストーキングされている事実を知らないことが多く、この型には、知的障害者も比較的多く含まれる。

「無資格型」ストーカーは、対象に相手にされないストーカーで、求愛型と並んでしつこい型とされている。求愛型よりは、精神障害の程度は低く、むしろ鈍感で支配欲が強い。正当な理由もなく自分には相手と付き合う権利があると感じており、相手の意向には無関心で無神経である。相手にされないことを理解できない。アプローチは始めから執拗で、不適切な手段をとる。

犯罪性との関連からは、ストーカーの暴力性が非常に重要である。ストーカーの暴力性に関して、ミューレンらは以下のような調査結果を提示している。被害者に及ぼ

表５　ストーキングの類型から見た脅迫および暴力行為の頻度（ミューレンら1999より転載、表示は％）

	拒絶型 58名	親密追求型 54名	無資格型 24名	憎悪型 24名	略奪型 ８名	有意確率
被害者への脅迫	74	51	25	87	37	.000
第３者への脅迫	47	41	8	42	0	.001
被害者への暴行	59	24	21	29	50	.001
器物破損	62	32	12	50	25	.000

す身体的危害の確率は重要な関心事であろう。ミューレンらはその類型に従って、以下のようにまとめている。

この表５によると、被害者への脅迫は、憎悪型と拒絶型で特に高く、また暴行は、拒絶型と略奪型で五割を超えて群を抜いて高い頻度で出現している。これらは、特に犯罪性の高いタイプである。器物破損では、拒絶型と憎悪型で高い生起率を示しており、ものへの攻撃転嫁で、自己の攻撃性を晴らす、八つ当たり傾向が強い。

かつて、ダイエッツ Dietz（一九八九）は、エロトマニアにおいて、実際に暴力行為がなされるのは五％以下の確率であると報告しているが、ここでいう恋愛追求型では、二四％を示しており一〇年ほどの間に暴力化が進んでいると言えるかも知れない。

脅迫と暴力の生起率のギャップについてみると、従来、脅迫はしても暴力を振るうまでには至らない場合が多いとされてきた。憎悪型では脅迫が高頻度であるのにもかかわらず、暴行はその三分の一に過ぎないが、略奪型では逆転しており、実行が優先されている。ミューレン Mullen は、一九九五年の論文で、ストーキングは脅迫を伴なうとは限らず、他に犯罪歴がある場合もあり、また突然攻撃に転じる場合もあり危険を過小評価しないことが重要であると指摘しているが、脅迫者は暴力者になる危険を常に孕んでいると考えた方が良いし、その暴力転嫁の確率は時代とともに高まっていると考えた方がよいであろう。

近年、さまざまな研究がなされており、通常の暴力と重篤な暴力の間の比較では、重大な暴力事犯においては、罪の意識が無く、無職であるところに相違があり、薬物乱用や人格障害の有無は相違がみられなかった。このような相違から、暴力の予測や暴力の予防に役立つことが示唆されている（James, D.V.と Farnham, F.R.二〇〇三）。このような、実利的なストーキング研究が日本ではまだ少ない。

また、その類型ごとの特徴として、統計学的知見から、次のように述べている。

①ストーカーの七割以上は男性であり、年齢は二〇代後半から三〇代四〇代が多く、略奪型はより若年層にみられる

②一〇％から二五％にはパートナーがおり、求愛型は独身者が多いが、他の型では孤独な状況にあるとは限らない

③一般に比べて雇用率は低いが、特に恋愛追求型では五割を割っている。その意味で、よほどの資産家でない限り、社会適応は不良といえる

④ストーキング期間は、一年から三年位で、拒絶型、恋愛追求型が執拗である

⑤ハラスメント手段（電話攻め、待ち伏せ、押しかけなど）の数では、拒絶型が手を替え品を替え嫌がらせや脅しをする傾向がある

⑥薬物中毒歴、犯罪歴は一般に比べてかなり高く、特に略奪型、憎悪型、拒絶型で顕著であり、他に反社会性人格障害、自己愛性人格障害などの国際疾病分類におけるクラスターBの人格障害の並存が疑われる

第三章

事例研究

詳細な治療経過の提示が本書の意図するところであるようなので、ここに二事例を紹介する。ストーカー事犯の治療経過については、その犯罪の性質上治療経過を報告し得る事例として得難い側面があるので、必ずしも典型的なストーカー事犯の事例提示は難しい。統合失調症などの場合、症状の悪化に伴う問題行動のひとつにストーカー行為が出現する場合があり、その際の治療は、症状の緩和であって、個々の問題行動を標的としたものではない場合が多い。症状の緩和により、問題行動が減弱してゆくので、それで用は足りる場合が多い。

幸い、筆者は、かつて精神鑑定服役後に病院治療の導入した事例を担当したことがあり、その報告も刊行した。ここでは、その事例報告をもとに、治療の経過、治療上の留意点などに注目してその経過を述べる。本事例の治療年数は一〇年余にわたり、そのうちの二年弱（一九＊七年一二月から一九＊九年六月まで）を筆者が担当した。また、第二節の事例は、臨床場面ではなく教育場面で対応したものである。コミュニケーション障害を持つ事例の誤解からのストーカー騒動である。治療や対応について詳しく報告できる事例はそう多くはないので今後理解をもって対応するために有用であろうと判断した。

第一節　ストーカー行為を示した鑑定服役後治療導入事例

本事例は、叔父が自分を疎外し、悪口を言い触らしていると思い込み、その殺害を図り叔父宅に赴き、包丁で腹部・背部を突き刺し、血液誤嚥による窒息で死亡させた。当時叔父に対する被害妄想状態にあったと判断され、心神耗弱が適用されて、懲役五年の刑を言い渡され、服役後、鑑定受嘱者の所属する病院に受診するようになった事例である。

この事例には、高血圧と糖尿病の家族負因があり、母親は、四四歳時（本人一五歳時）に脳溢血で死亡している。

事例の生活歴としては、胎生・出産は正常であり、学業成績は全般に低くおとなしい子供であった。小学校三年時、転校以来活発になり喧嘩、喫煙等が始まり、中学二年より本格的に「ぐれ出し」が始まり、有機溶剤・鎮痛剤の乱用がみられた。

中学卒業後、千葉県にて就職したが、三カ月で退職し、別の叔父の自動車解体業を手伝っていた。その頃（一五歳時）一二指腸潰瘍になり、一二指腸の部分除去手術を受けた。

その後、職を転々としてパン製造業等に勤めたが、対人関係がうまく行かず、一九歳からまた別の叔父が理事を務める右翼団体に準構成員として所属した。一年半後この叔父の借金の肩代わりをさせられそうになり、実家に逃げ帰った。

地元で就職したが、体調が悪く退職した。その際医療保険の交渉で社長と話し合ったが、思うようにならないため、日本刀で切りつけ、銃砲刀剣類取締法違反、傷害罪で罰金刑を受ける。その後は実家で無職のまま過ごしていた。

本事例は、身長一七四㎝、細長型で腹部に刺創痕（事件直後割腹自殺企図のため）がある。鋭い猜疑的眼差しが特徴的である。軽度精神遅滞を示し、心理テストでは、自信欠如とそれに伴う依存性、及び偏執性、爆発性等が示唆された。当時の診断では、妄想性人格障害、ミュンヒハウゼン症候群（混合多症状型）であったが、叔父の死亡により当時抱いていた叔父への被害妄想は解消していた。また、ミュンヒハウゼン症候群とは、「ほら吹き男爵の冒険」の主人公ミュンヒハウゼン Müunchhausen 卿にちなんでアッシャー Asher R. が命名した症候群で、多種の病院を遍歴し頻回に入退院を繰り返し、虚偽の多い劇的な症状や生活史を述べる患者の総称である。「さまよえるユダヤ人症候群」とも呼ばれている。患者の示す症状には「急性腹症型」「精神病型」「皮膚疾患型」「内臓型」「異物摂取型」「混合多症状型」等がある。患者の述べる症状には真実と虚偽が混在しており、病院スタッフとうまくいかず入退院を繰り返す。身体化障害、統合失調症、人格障害等にみられ、頻回外科手術polysurgeryとも関係がある。治療困難例が多い（保崎秀夫「精神医学事典」より一部改訂抜粋）。

以下、出所通院後から現在までの経過を、問題点を絞って概観する。当該患者の出所後の問題点は、妄想性人格障害の他、ストーカー行為関連では、頻回電話（◎）、脅しと攻撃性（◆）、依存性（〇）がその主たるものであり、それについて主に言及する。簡単な経過を表示すると表1－1から表1－4の様になる。

その治療の実際については、筆者が担当した一九＊七年一二月以降について報告する。

尚、本事例は当科初診時二九才の男性である。

表１－１．当科受診経過表（19＊0/8－19＊3/2）

◎：頻回電話、○：依存性、執着、◆：脅し・易怒性、▲問題飲酒、□：他科受診、■：病的受診

		19＊0/8/10	手のしびれ、嘔吐、中途覚醒を主訴に当院受診，CMI Ⅲ（準神経症）領域。
▲	□	10/10	道路で泥酔中轢き逃げに会い、左大腿骨骨折/左膝外骨骨折で入院。
◆		12/14	入院中の病院で問題を起こし退院。
◆	□	12/20	他院入院したが、ここでも問題を起こし12/30退院。以後自宅療養。
	□	19＊1/4/27	整形初診（膝関節可動域改善手術のため）。
		5/18	偏頭痛の訴え。血糖値200以上。以後頭痛・耳鳴等訴えつつ定期的に受診。
	□	19＊2/1/5	救急受診。全身に薬剤性発疹。再度高血糖指摘される。1/22退院。
		1/18	受診再開。
	□	2/2	当院代謝内分泌初診。
		3/9	糖尿病コントロールのため入院。3/23頃退院。
	□	5/10	消化器内科受診（下痢と便秘の繰り返し）。この頃血糖コントロールは良好。
	■	6/3	救急受診（胃腸炎）入院希望するがその必要なしと判断される。
○		6/14	投薬１日分不足の訴え。以後15，16日と服薬法が分からないと再度の訴え。
	■	6/17	救急受診（腹痛）入院希望するが出来ず、他院に6/27まで「膵炎」で入院。
		6/28	心気的訴え多く、執拗に処方変更を求める。血糖コントロールは良好。
		7/12	major 追加。
◆		7/26	女医Ｋに「殺人やったらどうなります？」と尋ねる。薬は吐くので注射にして欲しいと希望。デポ剤導入。以後４－５週間毎。
	□	8/3	整形受診。手術は血糖値不良から来年に延期。以後鶏眼痛の訴え。
		9/28	代謝内分泌内科受診。BS＝174。
	■	10/2	救急受診（鶏眼痛）。
	□	10/11	皮膚科受診　鶏眼除去術施行。
		10/25	女医Ｓが診療に加わる。
	■	10/27	消化器内科受診。腹痛を訴え入院希望。―ミュンヒハウゼン傾向の記述。
	■	11/11	救急受診（頭痛・腹痛・食欲不振）。
○		11/22	看護婦に執拗に話し掛け、しつこいといわれたと述べる。デポ剤増量。
	■	11/23	救急受診（頭痛）血圧180/120。
		11/30	皮膚科再度受診　以後２週間ごとに継続受診。
		12/20	デポ剤減量。
	■	12/21	救急受診（腹痛）。
	■	12/23	救急受診（12/21の筋注の疼痛、腹痛）入院希望したが緊急性なしの判断。
		12/27	デポ剤拒否。人格障害の意味について問う。この頃正月にかけて嘔吐頻回。
		19＊3/1/24	処方変更 major 増量14TD　この後２月初旬まで嘔吐頻回（２回/日）。
		2/7	デポ剤再開。
	■	2/21	救急受診（足底鶏眼削除跡痛）。

表１－２．当科受診経過表（19＊3/3―19＊6/5）

◎：頻回電話、○：依存性、執着、◆：脅し・易怒性、▲問題飲酒、□：他科受診、■：病的受診

	■	3/14	泌尿器科受診（排尿困難）―ミュンヒハウゼン症候群的との記述。泌尿器は以後２回受診・検査後異常なしで終了。
		6/6	「最近カーッとするのも少なくなった」血糖コントロール不良160－200。
▲		7/4	居酒屋にて飲酒後、キー付きの車あり、友人宅へ運転の途中事故。無免許・酒気帯び・窃盗―懲役８カ月。
		19＊4/3/31	出所。
		4/24	当科受診　処方減にて再開。
		5/14	上肢・頭部以外全身に発疹―処方変更。
◎	□	6/5	女医N。この頃は働いていた（配電盤のばらし）。 他の女医宅に架電。この頃より体重減　多尿・口渇。
	□	7/3	眼科受診　眼底異常なし。
		7/19	多尿・口渇　糖尿病に対しカロリー制限、投薬開始。
	□	7/22	救急受診（頭痛・眩暈、心か部痛・足肢痙攣）血糖値377血圧152/72。
	□	7/24	救急車にて搬送（落雷に驚き転倒して茶碗で手を切り動脈切断）。
	□	8/初旬	他院血糖コントロールのため入院。９/11退院。
◆▲		8/14	「酒臭い、病院内で苦情がでている」と指摘すると怒って約１カ月来院なし。
		12/6	「調子いいですよ。変動ないです」「何で良くなったんでしょうね」
◆		19＊5/3/6	仕事の面接に行った。店で暴走族風の男に「小突かれてカーッとなって」殴ったところ、左手骨折で全治１カ月。やや易怒的との記述。major 増量。
		4/20	以来当院消内・整形受診なし。
		5/8	28日分処方。以後３カ月通院なし。
		8/11	「気持ちが落ち着かない」との訴えで再受診。minor 増量。
○		10/12	１－２週間間隔で、女医Sとカウンセリング開始。処方は他医による。 この頃身障者四級認定、職安に書類。血糖値140－180　女医にラブレター様のメモ書き。この後度々鑑定人、女医に自身の症状、気持ち等を書いたメモを持参する。
		12/4	「気持ちの波はなくなった」
		12/7	祖母死亡、叔父ともめた。
	■	12/中旬	救急受診（高血圧、高血糖、手のしびれ）。
◎▲			この頃酒量増加（ビール２L＋α）、役場や福祉事務所に架電するようになったという（回想）。
◆		19＊6/3/1	「別の医者に嫌な顔された。診療一分だった。今度怒鳴ってやる」この回でこの女医の診療が終了したためか、以降２カ月受診・服薬せず。
		4 /30	受診再開。「うつです」
		5 /11より２～４週間おきにデポ剤。	

表1－3．当科受診経過表（19＊6/5―19＊7/6）

◎：頻回電話、○：依存性、執着、◆：脅し・易怒性、▲問題飲酒、□：他科受診、■：病的受診

	5/21	女医Aによりカウンセリング開始。
	5/26	「調子良くなりました。元に戻った」
	6/11	「気持ちは変わりやすい。カーッとくるのはおさまった」
○	7/2	女医宛のメモは相手が変わっても頻回にあり、この日のメモ中には「……自分の身体の症状なのですが実話突発的に感情が激高して興奮して活動状態になると両手首の指先が震えて中々元の状態に戻らなくて戻るのには時間が係るのです。(原文通り)」とある。 役場、福祉事務所等に架電したくなる旨の記述。BS＝184。
	7/30	「カッとなるのは、話を何度もききかえさえたり、侮られたり、見下されたり、軽くみられたとき」と述べている。
	8/20	「……ラーメン片づけるときつゆをこぼした。前ならカッとしてたたつけたのに今回はちぇっと舌打ち。多少意見が食い違っても責任追及しなくなった。」
○	9/3	頭痛の訴え。最近父親の声掛けがないという。その理由を聞いて欲しいとのこと。ちょっと淋しいかとの問いかけに「そう」。ビール500ml/日。
◎○	10/15	架電1日12－13回の記述。理由は不安とさびしさという。「親が亡くなったら1人になってしまう。」
◎◆○	10/29	役場の女性S（30代既婚）を好きになって電話で指名するという。昨年夏「かわいそうだから出てやれ」といったので役場に怒鳴り込んだという。
○	11/12	「A先生(女医)に依存症になっている」
◎◆	11/26	「電話のダイヤルにテープを貼った」この頃役場の課長に怒鳴ったという。
◎○	12/10	親戚の叔父に中学の頃罵倒され、屈服させられた。いつか必ずやってやうと思ったと話す。「刑務所はこわいところ。2度と行きたくない」最近頻繁に電話を掛けるという。
◎◆	19＊7/1/14	目のかすみを訴える。この頃一時的に事務所・役場に電話頻回。訪問にきた役場課長の襟首をつかむ。
○	4/1	人事異動で事務所・役場の課長が替わることになり、憂うつになっているという。
	5/20	血糖値162，ビール5本、食事制限1800Kcal。
○	6/17	「見捨てられ不安」の記述。
◎◆○	6/24	診療時間短縮の試みに対して怒鳴りそうになるが、思いとどまる。以後、ときに怒らせる場面をつくり怒鳴る行為をコントロールする訓練を考慮。この頃、役場の女性職員に相手をしてもらえず怒鳴ったという。架電頻回。保健所女子職員に関心。

表１－４．当科受診経過表（19＊7/7―19＊9/9）

◎：頻回電話、○：依存性、執着、◆：脅し・易怒性、▲問題飲酒、□：他科受診、■：病的受診

◆	7/15	自制心で感情や欲望をコントロール出来るようになってきたと自覚。この頃、保健所・事務所に電話で怒鳴ったという。
	7/29	処方変更で衝動性制御良好となるが、副作用出現（咽頭異和感）のため約１カ月でオフ。
◎	9/16	架電頻回。秋から冬にかけて増加すると自覚。昔打ちのめされた同級生を思いだし「今度会ったらぶっ殺してやろうとか思う」と述べる。しかし、「刑務所辛かった。……絶対事件起こさないよ」という。
	10/21	KAST（久里浜式アルコール症スクリーニングテスト）施行12.9。
	12月	この頃ビール350ml６本、信頼していた内科主治医が逮捕のため代わる。
	12/28	当科女医Ｍに交代。当該時点での問題点は、易怒性・依存性（頻回架電）・過量飲酒。今後の方針確認（易怒性低減、趣味をもち架電を減らす、節酒）。以後デポ剤は４週間毎。
◎◆▲□	19＊8/1/25	保健所女子職員に怒鳴る。１日に12－13回架電。相手が思うように対応しないと怒鳴る傾向。この頃保健所・役場への架電頻回。女子職員が電話に出ないため、関心を役場の女子職員に移す。この頃血糖値244。本人も気にして2/20より断酒。鶏眼痛。
◎	5/10	鶏眼外科にて切除。血糖値改善 BS＝146。架電は、役場の課長と毎日、事務所・保健所は減った。以後役場への架電増加が継続。その後さらに２回鶏眼除去術。術後の痛みが数カ月持続。
◎▲	6/17	飲酒再開。内科よりビール３本以内ということで許可が出たという。この日は13本飲んだ。その後、精神的には安定してきていたが、役場課長の受容的な態度に甘えて架電頻回傾向、飲酒量に波がみられる。
	8/9	KAST＝2.3。
	19＊9/3/27	SDS＝45（正常上限、或いは神経症域），GHQ（身体症状、不安・不眠高値）CMI は領域Ⅲ（身体症状は平均以下、精神症状で過敏、やや易怒的傾向）。
▲	4/1	この頃 BS＝309で再度断酒（5/12まで）。架電頻度減少したが、カロリ―制限不良、薬物量不足のため血糖値は改善なし。血糖降下剤増量で多少改善されたが、依然200台。再度断酒を約束したが、守られない。
◎◆	6/13	役場職員の対応が悪いと、押しかける。以後デポ剤増量。
	7/9	本人、役場職員、治療者計５名で会談。架電回数の制限・減酒・易怒的ならない等を約束し、文書化する。
	9/10	体質改善を意図して漢方薬処方するが、飲むと吐くとの訴えにて中止。
□	9/12	血糖コントロール不良のため体調悪く、再度断酒（9/28まで）。
□	9/30	断酒後もカロリーコントロール不良のため血糖値下がらず近医内科入院自身の節制不足について反省の様子はない。入院後も本人の希望により週１回外出許可を得てカウンセリングに来院継続。

〈治療の実際〉

経過表にもあるが、まず、治療のための枠組みを作り、その範囲内で対処することを心掛けた。本患者には、強迫傾向、反社会性人格障害の傾向が存在したため、枠作りには一層の努力を要した。

まず、本人が納得できるように、大学病院での診療では比較的長い診療時間を定め、双方がその範囲内で収める努力をすることを取り決めた。

治療には、向精神薬の経口投与および定時デポ剤のほか、医師によるカウンセリングを実施した。

カウンセリングにおいては、なるべく具体的な治療目標を定め（例えば、頻回電話を減少させる、易怒性を低減する、趣味を持つ、節酒を心掛けるなど）、それを双方納得の上で治療を開始した。治療場面では、患者の孤独感、不安、身体的不調に関する訴えを受け入れながら、行動上の目標を毎回定め、その目標が前回受診時からどの程度達成されたかを検討した。知的に多少とも障害のある患者の場合、理解しやすい行動指標を示す必要があると考えたからである。そのために、電話の回数、易怒的となった回数と状況をメモ書きしてもらい、来院時にはそれについて話し合った。状況の理解に認知上の歪みがある場合や理解が行き届かない場合には、他の理解の仕方をいくつか提示し、適切と思われる選択肢を本人に選んでもらうことによって、その考え方に親しんでもらうよう、また思考の幅を広げる工夫をした。

頻回電話は、主に役所、福祉事務所、保健所になされたが、その時の対応によって、一施設に集中する場合もあった。その時には他施設への電話回数は減少した。

軽度精神遅滞の存在は、思考の幅だけでなく、学習の速度にも影響を及ぼすため、適切な行動を身につけるのには通常以上に時間を要し、直線的な改善は見られなかったが、根気よく対処することを心掛けた。問題点の改善は、体調にも左右されながら、行きつ戻りつしながら、徐々に改善の方向に向かった。

より具体的に述べれば、頻回電話に関しては、一日あるいは一週間の電話回数の上限を治療者、患者両者で取り決め、それが守れた場合は褒め、守れなかった場合にはその原因がどこにあったのかなどを、メモをもとに話し合った。状況によっては、教育的指導を実施しなければならない場合もあり、患者が望まない注意をすることもあった。その際には、診察室においても易怒性が発現し、脅しの罵声が響き渡ることもあった。しかし、それは、筆者の診察期間中二年間弱で二回ほどに減じており、それまでの七年間の支援が好影響を与えているのは明らかだった。易怒的になった場合にも、治療者側は折れることなく、患者が冷静に状況を理解できるよう言葉で冷静に説明しながら理解を求めた。その際には、周囲の診察ブースを驚かせたが、怒りの収束は徐々に早くなり、診察終了後に謝罪を申し入れてくる場面もみられるようになった。

役所や福祉事務所への頻回電話には波がみられるものの、減少傾向を示し、受診後の病院内での主治医への電話、自宅からの電話も、枠を決めて徐々に回数制限をした。前任者の女医の中には自宅の番号を教えたところ頻回に電話してきたため、後続者からは電話は病院内に限ることとした。本事例には、反社会性人格障害の傾向もみられたため、その点では強い枠づけが必要であった。

通常は、行動上の改善を褒め、趣味の話などをして和やかに経過するよう心掛けたが、怒りの抑制をつけるために、指摘すべきことは毅然と指摘した。本事例は、徐々に病者としての同一性を見出すに至り、その獲得したポジションを守るためか、見捨てられまいと、自分から受診の必要性を強調し、確認する言動が頻回にみられた。また、体調不良を理由に本気で趣味に取り組む姿勢は見られなかった。

本事例の場合、高血圧、糖尿病、交通外傷による下腿骨折後の歩行障害などが実際にあり、その症状の推移によっても気分に変動は認められたが、元々人に親和性の強いさびしがり屋の性格傾向があったため、それがある程度満たされていれば安心することができたようだが、易怒性と執拗さがあるため、人との安定的な関係が築けず、気分もなかなか長期的に安定することはなかった。

本事例のストーカー行為に関していえば、以下のように要約できよう。

①頻回電話は総数としては減少したものの、役場、保健所、福祉事務所、のちには電話局などに広がりを見せながら継続された。②気に入らないことを言われると、脅しの罵声を浴びせることが稀ではあるが存在した。その時の怒り方の強度は変わらなかったが、持続時間は顕著に短縮されていった。これにはカウンセリングとともに薬物の影響も考えなければならない。③役場や事務所に気に入った女子職員がいる場合、その人に執拗に話しかけ、避けられたり嫌がられると怒り出した。

その他、臨床上知り得た当該患者の特徴として、①自身に起きた出来事を微細に報告した。②自身が特別待遇を受けていることを強調した。③今後の長期的通院治療の必要性を再三確認した。④他者の好意を自分に費やす時間の長さではかり、そのため、診察終了時間が近づくと時計を気にしながら露骨に動作を緩慢にするなどして時間を引き延ばそうとした。⑤取り決めに対してその場では了解しても、それを実行しようとする意志が希薄であった。⑥メモの内容や話し振りに過度の副詞の重合が頻回にみられた等が指摘し得る。

これらは、精神鑑定時に指摘された、偏執性、依存性のほか、意志薄弱、強迫傾向などの存在を示唆するものである。

〈事例の検討〉

本事例は、第一回出所後飲酒を再開し、泥酔して路上に眠り轢き逃げに会った。その結果左膝可動域〇度から五度の身体障害者となり、また服役前に指摘されていた糖尿病のコントロールもなされないまま精神的不安定と相俟って不定愁訴の多い多科受診患者となった。以下、妄想性人格障害、ストーカー行為としての頻回電話、脅し・攻撃性と依存、その他（身体疾患、社会的帰属意識、生物学的視点）に分けて検討する。

一．妄想性人格障害

事件後の鑑定時にはみられた妄想性人格障害による被害妄想は、出所後改善を示し、治療時には DSM-IV の診断基準のうち二項目に該当するのみであった。

二．頻回電話

一〇年にわたる診療期間中、祖母の死亡、気に入った女医の交代などがあった後、ある時点（一九＊六年七月ごろ）から、電話の回数が増え始め、初めは病院、役場、福祉事務所など自身とかかわりのある社会資源に向けて発信し、その中で受け入れの良い対象に対しては、その頻度が増した。そのうち、相手に拒まれたり嫌がられると対象を広げ、のちには、電話局員など一面識もない相手に頻回に電話するようになる。甘えを受け入れてくれる対象を自ら次々と発掘している。その意味では、特定の相手に強く固執するわけではない。頻回架電も寂しさを紛らわす手段であり、依存できる相手を男女に別なく求めていたと考えられる。電話中に易怒的になり怒鳴ることはあったが、脅しが目的ではなく、あくまで依存する相手を求め、それが執拗である場合に、相手に不快感を与え、冷たく対応されると怒り出すといった状況であった。

電話の相手も、時には特定されたが、相手の対応によって対象は容易に移り、強い執着は認められなかった。その時に自分に好意的に接してくれる人が必要だったのであろう。

三．脅し・攻撃性と依存性

脅し・攻撃性：出所後の攻撃性は、入院先の医師の対応が気に入らないということで始まり、以後相手は元暴走族風の男、医師、役場の職員と広範であるが、何れも相手の対応が悪いということから生じている。実際に暴力行為に至ったことは寡少であり、多くは凄んで怒鳴りつけるという形態をとっている。つまり、出所当初の行動は反社会性人格障害相当であったがそれも改善傾向を示しながらも役場に怒鳴り込む、暴力をふるうなど、なお傾向として存在した。

相手が女性の場合、甘えを受け入れてもらえない時に攻撃に転じるという依存攻撃的色彩が特に強かった。事例自身の話によると以前はカッとなった時、なかなか怒りが納まらなかったが治療開始後には数分で冷めるということであった。事例には、自身が怒鳴ったときの状況を自ら詳細に説明し、それによって自身の強さを強調し、その行為が正当であったという主張でもあったのだが、その攻撃性が社会規範からは外れていることは理解できていなかった。特に、他者に馬鹿にされたと感じた時に、被害妄想傾向からそれが強く意識され、脅しや攻撃で対抗する傾向が見受けられた。これは、自信のなさの裏返しでもあったと考えられる。

依存性：本事例は、青年早期に母と死別しており、以来父親とは同居するも親身の庇護者の不在と軽度精神遅滞により、年齢不相応の幼児的な依存性が存在する。母性への不充足感は、女性医師や役場等公共機関の女子職員に惹かれるという行為で代償されており、若い女性と同時に自身よりも年長の「自分を優遇してくれる」優しい年配女性にも度々惹かれ、甘えを出しては拒否されて怒鳴るということを繰り返している。

対象女性はその時々には特定され、固執傾向を示すが、相手が目の前からいなくなると次の女性に気持ちを傾け、喪失の間隙を作らぬように同時に何人もの依存対象をつくる。これは、成人の愛情形態とは趣を異にした幼児的関係といえよう。その意味でこの事例における依存行動は、恋愛というよりは母性奪還のための代償行動と考えられる。

主治医が依存対象になり得る女医に代わった頃から通院は規則的になり、より甘えが発揮できる年長女医に代わると依存性は増大した。この意味で、女医導入はコンプライアンスの改善、ひいては攻撃性制御に有効であったといえよう。

四．身体疾患

本事例では、身体疾患も明らかに存在したため、それについても簡単に触れておく。本事例には、身体疾患（高血圧・糖尿病・左膝関節障害・胃炎）が存在しており、そのために不定愁訴があったとしても充分了解できる。ただその程度や頻度において通常ではないといい得るであろう。つまり本事例においては典型的なミュンヒハウゼン症候群とはいえない側面も存在する。問診記録によると「調子いいですよ。変動ないです」「何で良くなったんでしょうね」とある様に、本格的に血糖コントロールがなされ、身体症状が改善されると共に精神状態も軽快する傾向がみられている。

しかし、頻回の救急受診とその内容、及び頻回の不適切な入院希望の表明は「病的受診」といい得るであろう。また、自己制御不良による糖尿病の進行のため、創傷治癒が遅延し疼痛が長期化することは充分考慮し得るが、本事例においては疼痛治癒が過度に遅延したり、自身の障害を過度に表現する傾向が明らかに認められる。

前者は、非行少年に多くみられる疼痛耐性の低下傾向、過敏性亢進現象と共通する。上記症状の理由として、前述の幼児的依存性の存在、及び生来他者親和的な者が孤立状態に置かれたときの不安を反映しているものと考えられる。これは、話し相手であった祖母の死亡以後飲酒量が増加し、一年四カ月振りに救急受診している事実からも容易に了解され得る。

五．社会的帰属意識

さらに本事例には、少年期より非行化、飲酒、喫煙、薬物摂取等の行動がみられたが、社会的容認度の低い薬物については嗜癖《しへき》に陥ることはなかった。また、一時所属した右翼団体でも準構成員とはなったが、正式の団員となることはなかった。本事例は組織暴力団について詳しく一種のあこがれを表明するが、加入に対しては恐れと躊躇を示している。また頻回転職を繰り返している。

以上から、本事例は社会的にどの集団にも長期に所属した経験を持たず、その意味で社会的活動に対して自信の欠如した不安感を持っていると考えられる。一方、自ら人との接触を避ける傾向はみられず、むしろ他者親和的傾向を有している。

易怒的・虚勢的傾向の裏には「カッとなるのは、話を何度もききかえさえたり、侮られたり、見下されたり、軽くみられたとき」とあるように、自身の学業成績不良に加えて、社会的帰属感の希薄と自己同一性の獲得に失敗したことからくる劣等意識が存在すると考えられる。その代償を疾病逃避に求めている。言い換えれば、病者、障害者として自己を位置付けることには成功したのである。

つまり本事例の爆発・攻撃性には、極度の学業不振による劣等感、青年早期の母性喪失に基づく不充足感と共に、準拠集団を見出せない不安定感とそれに耐え得ない弱い自我形成が関与していると考えられる。

水島（一九九〇）によると、人格障害に関する心理学的基盤のうち人格障害形成の行動主義的な条件付けによる説明では「基礎的依存関係」が問題となる。

「基礎的依存関係」に障害を来すと、「疑似依存関係」が成立している場合は無感動・非現実的になり、仮の保護もない場合（虐待や過度の放置）は「人間関係の感情は基本的に欠け、道徳性の枠組みも形成されず、抑制を欠いた人格形成」がなされるという。その場合「反社会性の代償において人格の現実的統合だけは保たれる」という。
本事例においては、「基礎的依存関係」は一旦獲得されたが母の早逝によりその後減弱された。よってそれのみで重篤な障害とはいえないが、本事例の場合、軽度精神遅滞と衝動・攻撃的傾向が加重され、更にその上に病者としての同一性が獲得されたため難治事例として析出したと考えられる。

六．生物学的視点

本事例の小学時よりの粗暴傾向・易怒傾向には、素因に加えて累犯者である叔父への同一化或いはモデリングと共に、これまでの人格障害者の生物学的研究で指摘されているような神経・内分泌系の脆弱性等何らかの身体に基礎をおいた異常が存在する可能性も否定できない。生物学的検査も併せて行うことも将来の薬物治療の可能性を広げる意味で有意義であろうと思われる。

平松等（一九九〇）によると、マグヌソン Magnusson らは、一一〇年に渡る前方視研究で、攻撃性・注意集中困難・多動傾向の高い者は尿中アドレナリン排出量が有意に低く、小児期の行動特徴とストレスに対する自律神経系の反応性に関連があることを示している。本事例の場合、攻撃衝動性の発現は児童期以降であるが、軽度精神遅滞の存在を考慮すると精神年齢では当時は小児期相当であったと考えられる。またリッドバーグLidbergらは、殺人後の自殺企図者について髄液中の5－HIAA（5－HT代謝物）を測定して、対照群に比して有意に低いという結果を得ている。これらの犯罪者研究から、攻撃・衝動性にアミン代謝の関与が推測される。本事例においても事件後自殺企図がみられている。

今後、本事例の自立性・適応能力を高めるためには、女医による子守的治療行為から前進する必要があったが、筆者以後、適切な女医が担当医として得られなかったことから、温和な若い男性医師が担当となった。病院も本事例の近傍に移し、通院が容易になり、順調に経過しているということである。一九＊九年七月九日に行ったような治療者・地域担当者・本人を交えた率直な会合の機会を適宜もち、患者の生活に関して統合的援助・助言体制をつくることが望ましい。また、本事例は薬物アレルギーが出現し易い体質を有しており、その直後の医師の対応の適否により過度の不信感を持ち易い傾向がある。治療上考慮すべき点と思われる。

まとめ

本事例においては、身体疾患の制御不良のため一九＊九年一〇月再度糖尿病入院治療が必要となったが、一九＊五年三月の暴力事件以来、役場への押し掛けはみられるものの暴力沙汰にはなっておらず、社会的に大きな問題は生起していない。その意味で自動車窃盗以来更なる累犯者となることからは免れている。その理由を考察することは、その他の犯罪精神障害者のフォローアップ上も有益であると考えられる。以下要因毎に考察する。

1．家族的要因：父親が誠実で一貫した態度で患者の問題点を指摘してきた。

2．治療的要因：主治医として女医を導入し、受容的精神療法に時間をかけた。定期的通院を促し、服薬コンプライアンスを高めると共に、向精神薬デポ剤導入により安定的な薬物コントロールを実現し、本事例に病者としての立場を確立した。

3．地域的要因：役場、福祉事務所、保健所の担当者が家庭訪問、電話応対等で優遇的対応に努め、また一貫して受診を勧め通院に便宜を図った。相互の有機的連携は不十分であったが、十分に存在すればその時々の一施設にかかった偏った負担は軽減されたと考えられる。

4．身体疾患管理上の要因：本事例は、精神科治療の効果と糖尿病コントロールの改善が相俟って精神症状の安定化傾向を示した。このことは攻撃衝動性を有する触法患者においては特に、精神症状の管理と共に適切な身体症状の管理も同時に十分になされる必要があることを示唆していると思われる。医師間の連携もまた望まれるのである。

以上より、ストーカー行為を示した処遇困難例の通院治療導入とその維持のためには、治療者と地域担当者との有機的な連携が要請される。更には患者管理から一歩前進し、社会的視点に立った自立及び健全な自己同一性の確立に向けての取り組みもまた必要であり、そこでも多面的な援助体制の充実が望まれているのである。

ここで用いられたカウンセリング技法は、結果的には「自家版認知行動療法」とも言い得るものであった。患者の認知の枠を広げ、行動の意味を認識してもらい、より良い行動への変容を促すという意味で、まさに認知を磨き、行動につなげる治療技法であった。しかし、軽度精神遅滞に伴う学習能力の問題、人格障害による学習困難の問題、システム化された治療法ではなくあくまで主治医の創意工夫の範囲内であったなどにより、直線的な改善は示し得なかったが、長い目で見れば徐々に病者としての役割を取り始め、薬物の力を借りながらでも、易怒性をコントロールし、また頻回架電を低減させた。

システム化がなされた「認知行動療法」については、第4章で概観する。

第二節　大学場面で析出した、ストーカーと誤認されたコミュニケーション障害事例

事例は、二〇歳の男性で、軽度広汎性発達障害の診断が可能な事例であった。母親の回想によると、本事例は、小学生の頃には、クラス全員の誕生日を覚える、カレンダーに書かれたことを一字一句間違えずに記憶するなどの能力を示した。しかし、学業はできなかったため、小学校教師により怠学とみなされ、その特技を封印された。何をしても、不器用で、習得には人より時間がかかり、努力しているが学業不振が続いたため、小学校時に小児科を受診している。しかし、そこでは、診断名はつかず、そのまま中学・高校へと進んだ。新しいことを習得するのに人より時間はかかったが、

結局はできるようになった。学業成績は振るわないままであったが、その性格の良さから皆に助けられ、高校を卒業した。全入時代に突入した大学にも、推薦入試で合格したが、答案は明らかに劣っていた。履修説明会でも全く理解ができず、履修申請書は白紙のままであった。親切な教務課職員のおかげで何とか履修申請を済ませ、大学生活に入ったが、答案は問いに対して適切なものではなく、教科書の一部を断片的にそのまま写した様なものであり、持ち込みではなかったため、教科書を読んだ映像的な記憶から断片的に思い出して書いたものであると推測された。当初は、軽度精神遅滞が疑われていたが、記憶力は優れていること、母から聞いた幼少期のエピソードなどから、軽度広汎性発達障害が疑われた。そこで、学生相談室のカウンセラーに相談して、授業のノートの取り方、レポートの書き方、履修申請の書き方などを、試行錯誤で学習指導してもらった。色分けの技法や図表を多用して示すと、徐々にではあるが理解が進んだ。

もう一つ特徴的であったのは、学問的な解答は的外れで答案の体をなしていなかったが、感想を書くなどの部分は、日本語としてまとまった文になっていた。あまり難しく考えないで、主観的なレベルで書いてみるよう励ましたが、教科書に書いてあることが十分に理解できないため、自分なりに内容をこなして文章で表現することも困難であった。

本事例には、正面から人を見据え、懸命に相手の言うことを理解しようとする姿勢はみられたが、話し言葉の場合にはことさら理解は困難であった。

二年次ごろから、「授業中に自分の方ばかり見ている、通学の電車で、自分のそばについてくるので怖い」という訴えが女子学生からあり、本人と面談した。本人はその学生に好意をもっているが、それを相手に示す手段がわからなかった。相手に示す意図さえ明確ではなかった。相手に引き寄せられるままに悪意なく近づいただけであったというのが真相のようだった。そのような行動をとると、「相手が誤解して怖いと思ったり、困るからやめましょう」ということを教育的にカウンセリングし、また家族には経緯を話して、男女交際のあり方や人と付き合う時の態度について、折に触れて優しく話していただくようお願いした。しばらくして、その行動は簡単におさまった。

米国などでは、広汎性発達障害者の大学生活の手引きなどが出版され、支援体制も整えられてきているが日本ではまだほど遠い。彼らは、知能が低いのではなく、分野によって能力にむらがあり、コミュニケーション能力に劣るため、周囲には理解され難く、誤解を生じやすい。本事例の場合、ダンス同好会に入り、最初は不器用な動きであったが、その動きに合わせた振り付けをしてもらい、サークルの一員として居場所を得て、ずっとその活動を継続した。それによってダンスの腕も次第に上がり、仲間もでき、本人にとっては楽しい大学生活が送れたのではないだろうか。しかし、社会に出て就職ということになれば、通常の就職はすぐには出来ない状況であったので、カウンセラーの尽力で職業訓練所などを紹介された。

なお、軽度広汎性発達障害者の学校適応のためのマニュアルについては、様々な書籍が出版されているのでそれを参照されたい。

第四章

ストーカーの精神病理とカウンセリング

ここでは、ストーカーの精神障害の背景について、検討する。

以下、上記のうち、ゾーナとカートの分類、福島の分類を援用し、筆者の治療に主眼をおいたストーカー分類を用いて、説明してみよう。

「心の病の現在二」で提唱した筆者の分類の発展型として以下の表6のような類型を提唱する。

第一節　類型別ストーカーの病理とカウンセリング

一、パラノイア型――僕らはひそかに愛し合っているのに、邪魔をするな。邪魔したらひどい目にあうぞ

この型の代表は妄想性障害である。純粋型エロトマニアは、恋愛妄想を抱くストーカーで、妄想性障害のうち、色情型、特定不能型、被害型などが多く該当する。エロトマニアの疾病論的位置付けとして、以下のようなものがある。

エロトマニアを、統合失調症の妄想型の一種と位置付ける考え（マンロー Munro）があるが、それを支持する考えとして、妄想型統合失調症の色情型、色情妄想である

表6　ストーカーの類型別病態

治療に主眼をおいたストーカー類型	病態・心理
1. パラノイア型	妄想性障害：色情型、特定不能型、被害型. 純粋型は他の診断カテゴリーは不要（エリス）。 妄想性人格障害
2. 単純強迫型	犯罪性が高く、現代に多い。恋愛破綻型、復讐型. 背景に、反社会性人格障害、境界性人格障害など何らかのA群・B群人格障害の存在が示唆される。
3. 精神病型	統合失調症、器質性精神障害、気分障害、精神作用物質乱用など
4. 自己愛·強迫型	先行関係なし、あるいは希薄。軽度の妄想性人格障害、自己愛性人格障害、強迫性障害、適応障害、認知障害
5. コミュニケーション障害型	先行関係は希薄かなし．相手への適切な距離が保てない、 相手に適切に接触できないために、侵害的行動をとってしまう．軽度自閉症、アスペルガー症候群など

とする見方（シーガル Segal）もある。一方で、エロトマニアの「純粋型」は他に障害がなければ診断カテゴリーは不要である（エリス Ellis）とし、エロトマニア以外の他の精神障害としては位置付ける必要がないとする。このようにエロトマニアは、統合失調症から単独の診断まで、幅広い位置付けがなされている。この中の純粋型は、エリスのいうように独自のカテゴリーを形成すると考えられているが、診断基準が疾病単位から症状に移行する傾向になってからは、妄想性障害の一種とした方が現代

では理解しやすい。恋愛妄想はあるが、他は健常人と変わらない一群の存在は認めざるをえない。

また、クレペリンやド・クレランボーの記述から影響されたのか、一般に、純粋型エロトマニアは女性に多いという印象に関して、ダイエッツ Dietz は、いわゆるエロトマニアについて、その発現は稀ではなく、女性に優位でもないと報告している。

〈妄想性障害〉

純粋エロトマニアとは、現代では、恋愛妄想に特化した色情型妄想性障害にあたる。妄想性障害では、妄想の主題は統合失調症ほど奇異ではなく、かつ自我機能は保たれており、ある事柄に対する妄想が理由なく突然確信を持って広がるが、広範な精神機能の障害はみられない。また、気分障害との鑑別では、気分エピソードの期間は妄想の持続期間より短く、気分の変動に伴って出現した妄想ではないということである。この妄想が、時として、致命的な暴走行為を引き起こし、それが殺人、暴行・傷害といった犯罪として析出する。妄想とは、「自己に関係付けられた訂正不能の誤った確信」であるため、その訂正には非常な困難がある。

妄想性障害のカウンセリング

一定の事柄に対しての系統だった妄想を特徴とするこの障害は、従来カウンセリングの適用にはなりにくかった。しかし、今日、認知機能の改善が示唆される薬物が開発され、それが功を奏すれば、カウンセリングの効果が期待される。また、妄想を作り上げる元となった認知のゆがみに注目した認知療法・認知行動療法の根気強い適応が功を奏する可能性も考えられるが、困難であることは間違いない。

二、単純強迫型――可愛さあまって憎さ百倍、被害者は自分の方だ

この型のストーカーが一番多いといわれている。これは、かつての配偶者、恋人などの対象から冷たい仕打ちを受け、被害を受けたと認識している者が、執着や恨みを抱き、つけ回すものである。下位カテゴリーとして、「恋愛破綻型」と「復讐型」に分けられる。この型は、つけ回す理由が第三者にも理解し易い型ではあるが、加害者が過去の痛手と認識しているものは、必ずしもその行為に見合うものではないところ

に、狭義の精神病とは異なる疾病性が存在する。その意味では、④の自己愛・強迫型に通じるところがあるが、先行関係が明らかにあるところに相違がある。背景には反社会性人格障害、境界性人格障害などの存在が考えられる。

キーポイントは、攻撃性を伴う被害者意識であり、ゆがんだ状況認知が自己を被害者として位置づけ、攻撃的に報復に乗り出すところである。

〈人格障害〉

人格障害は、古くは精神病質（サイコパス）といわれた、顕著な性格の偏りを示し、そのため、日常生活に支障が起こった状態を示す障害群である。下位カテゴリーとして幾つかある。人格障害には、A群　妄想性人格障害、統合失調症質人格障害、統合失調症型人格障害　B群：反社会性人格障害、境界性人格障害、演技性人格障害、自己愛性人格障害、C群：回避性人格障害、強迫性人格障害など多様な種類があるが、ここでは、ストーカーになりやすい人格障害として、妄想性人格障害、反社会性人格障害、境界性人格障害について述べる。

まず、人格障害について総体的に述べれば、認知の歪み、感情統制の不良、対人関係の不安定、衝動制御障害などが見られ、それによって社会適応を困難にしている偏りの強い性格傾向を持つ者である。柔軟性がなく、広範な社会生活に及び、苦痛や適応機能に障害をもたらしている。そして、その傾向は長期にわたって継続しており、性格の偏奇以外の精神障害では説明できない。また、薬物乱用や症状性の精神障害には該当しない。

一般に、人格障害者の場合、思考力や状況の判断能力は保たれているため、施設・病院に収容されても、リーダーシップを発揮して問題行動をし続ける傾向がある。職員の態度の違いにも敏感に反応し、その相違を突く能力があるため、職員間の態度の統一と、根気良く向かい合うことが重要である。

以下に、人格障害のいくつかについて順次述べる。

妄想性人格障害は、妄想性障害よりも正確に根付いている分、持続性がある。主たる特徴は、青少年期、成人期初期に始まる、他者に対する不信感と疑い深さである。いわれもなく人にだまされる、友人にも不信感を抱き、自分に不利にならないように他者に秘密を打ち明けたがらない、他者の何気ない言葉の中に自分への非難を読み取る、侮辱や軽蔑されたことを決して忘れないで長い期間恨みを抱き続ける、他者の自分に対する評価に過敏ですぐに怒り出す、配偶者や恋人の不貞を根拠もなく疑うなどが挙げられる。

反社会性人格障害は、社会規範を軽視し、易怒的、攻撃的であることから、粗暴な犯罪者に多いタイプである。暴力事件や傷害事件を起こしやすく、向こう見ずで、衝動性が高い。無責任で、自省心に欠けるため、過ちを繰り返す。他人に対して残酷なところがあり、共感能力の欠如を示唆している。この診断のポイントは、18歳以降に診断可能であること、15歳以前に行為障害の証拠があるということで、頻回のケンカや万引き、ひったくりといった非行行為が思春期以前にすでにみられているということである。真面目に経過していた大人が自暴自棄になって突然反社会的行動をとったというのではないのである。

境界性人格障害は、人間関係や感情の不安定、衝動性の高さが特徴であり、見捨てられ不安が強く、対人的にも相手への評価が大きく変わる。自己像も不安定で、衝動制御障害があり、自殺企図、大食、自傷行為、いらいら、不安が強く、常に満たされていない感覚を持つ。激しい怒りを持ち、かんしゃくを起こす、場合によっては解離症状を示す。

人格障害のカウンセリング

人格の治療による変化は困難だが、適応した生活が送れるよう支援するなどの方法とともに、最近のセロトニン作用薬（SSRI）で、強迫症状や自傷行為に効果が認められ、ある程度認知変化が期待できるケースもでてきている。しかし、性格に関わるため一般に治療には時間がかかる。カウンセリング治療のポイントは、先に述べた、認知の歪み、感情統制の不良、対人関係の不安定、衝動制御障害に対しての働き掛けが功を奏することが期待される。一昔前までは人格障害は治らないという通念があり、あとは年齢的成長と老齢化に期待するといった消極的な見通しを立てる場合が多かった。しかし、近年の行動療法を基本としたシステム論的アプローチの導入により、新たな治療の可能性が開けてきている。近年注目されているのは、うつと不安に対する「認知行動療法」と境界性人格障害に対する「弁証法的行動療法」である。

認知の歪みは、認知療法や認知行動療法で、感情コントロール・衝動コントロールは行動療法で、ある程度効果が期待されるが、現在は、境界性人格障害をターゲットにして、システム論的にアプローチする方策が確立されてきた。治療困難なものは、行動を理解した上で、多人数で担当するということである。治療者個人では、限界がある場合にもその負担を分け合うことで、あるいは治療目標・治療経過を明らかにすることで、治療者自身も治療過程においても客観性を保ち得るという意味で優れた方法である。

境界性人格障害には、今日一九八七年に開発された外来治療プログラムである「弁証法的行動療法」（ＤＢＴ：Dialectical Behavior Therapy）が有効であると立証されており、その開発者であるマーシャ・Ｍ・リネハンによる具体的な解説書が訳出されている。欧米では広く支持されており、現在、日本でもＢＰＤへの新しいアプローチとして関心が高まりつつある。これについては心理療法の項で詳述する。

三、精神病型――幻覚妄想に彩られた症状からストーキング、症状の消長によって妄想が動揺する

純粋エロトマニアに見られるような妄想性障害、単純強迫型のような人格障害を除いた精神障害を伴う型で、全体の比率は高くはない。精神障害としては、統合失調症の妄想型、器質性精神障害、気分障害、薬物乱用などによるものが該当する。これらは、特に医学的治療を要する一群であるが、疾病によって、また個人差によって治療

効果への期待は大きく異なる。一概にはいえないが、比較的投薬効果が期待される。特に最近の非定型精神病薬の効果から、認知機能に改善が見られる場合もあり、幻覚・妄想はあるものの、それが病気によるということを認識している統合失調症患者も増加してきた。

〈統合失調症 schizophrenia〉

古くは、早発性痴呆、数年前までは精神分裂病と呼称されていた。精神障害の中でも最も主要な疾患である。中軸症状は、研究者によって異なるが、古くは連合弛緩、自我境界の脆弱性、自明性の喪失などが提起され、精神病理学の中心的なテーマであった。

疫学…原因不明、青年期好発、人口の〇・七〜〇・八％に発症

症状は、前駆症状として、神経疲労を呈する神経衰弱様症状、周囲に対する漠然とした不安、生き生きとした感じの喪失があり、行動としては、理由なく学校や職場を休むようになる。

陽性症状は、急性期にみられる症状で、幻覚・妄想・興奮があり、特有の症状とし

ては、自己と世界との間の境界がもろくなることにより、考えが抜き取られる、あるいは人の考えが自分に吹き込まれるといった、自我の障害の症状を呈する。また、陰性症状としては、感情鈍麻、思考の貧困、無為、自閉などがある。

統合失調症には、主に以下の3類型がある。妄想型 Paranoid Type、解体型 Disorganized Type、緊張型 Catatonic Type。

統合失調症のカウンセリング

統合失調症も、薬物療法の進歩により、軽症化の方向にあり、今日では心理療法・カウンセリングの適用となっている。まず、患者の不安を軽減することからはじめ、幻聴や妄想の内容・意味を丁寧に話し合う。特に、非定型向精神薬を使用している場合、鎮静作用が低減していることから、思考が働き、認知機能も改善する事例が多いといわれている。そのため、自身の幻覚・妄想を理解し、対処法を模索する患者がいる一方で、自己の置かれた状況に悲観する場合、幻覚妄想がかえって増悪して、戸惑う場合がある。それに備えて、薬物の効果を十分に説明しておく必要がある。変薬による症状の変化を患者が十分理解した上で、認知行動療法などを行えば効果が期待される。筆者の研究からも、認知の改善が自己や他者の理解を進め、それが不安を低減して、さらに認知を改善することが示唆されている。ただ、病型によっては、表出が改善されても、断片化された思考にまとまりが出てくるかどうかについては現段階では疑問がある。断片化した思考を筋道を立てて統合する方策も考案される必要がある。

認知行動療法べてる式

ベテルの家は、北海道浦河にある。統合失調症者など精神障害者の人たちが、日高昆布の袋詰めなどをしながら集う社会福祉法人である。そこでは、患者さんたちは、よくミーティングを開き、自分たちの症状について話し合うという。妄想は、「妄想さん」、幻覚は「幻覚さん」として、各自の問題を共有しながら、共感し合って生活しているという。活動を紹介するＤＶＤのなかで、ある患者さんは、「統合失調症は友達のできる病気です」と言っておられたが、実によく話し合い、気持ちを共有し合う姿は、一昔前のとなり近所付き合いを彷彿とさせる。病名も、各自が自分の症状に合わせて、自分の問題が分かりやすい命名をしているが、その方が確かに実態をとらえやすい。

生活臨床

臺弘によって、薬物治療、精神療法とならぶ、精神科治療の三本柱として、一九六〇年ごろに初めて唱えられた「生活臨床」「生活療法」の考え方を再評価して、それを、心理社会的治療よりもさらに広い領域を指す概念として、生理から経済にわたる全体的な生き方を指すものととらえている。より広く多様な視点から、客観性をもって、精神症状の推移を見つめ、多元的に理解し、病者の生活の改善につなげていく姿勢が強調され始めている。

〈双極性障害　bipolar disorders〉

感情障害、気分障害のひとつで、気分の上昇と下降が著しい疾患である。症状の分類としては、躁病相、うつ病相があるが、病間期には、まったく正常に戻る。病前性格としては、循環気質、執着気質が指摘されているが、一般に社交的で人懐こい。誘因としては、何かの出来事の後（引っ越し、徹夜明けなどストレス状況）に発症、再発しやすい。

うつの時の症状としては、重症では、精神運動抑制、抑うつ性昏迷があり、介助を必要とする場合もある。朝は調子が悪く、夜になると元気になる日内変動がある。その他、ゆううつ、悲しい、つまらない、イライラ、自信喪失、人に会いたくない、自責、集中できない、口数減少、寝つき悪い、中途覚醒、早朝覚醒、過眠、食欲不振、生理不順、口渇、肩こり、頭痛、吐き気などがあり、体調の不具合と認識される場合もある。身体症状が顕著で精神症状が背後に隠されている場合を、仮面うつ病という。一過的な妄想が出現することもある。

躁状態では、愉快、にぎやか、易怒性、誇大性、頭の回転速い（間違い多い）、軽はずみ、多弁、落ち着かない、おせっかい、嗄声《しゃがれごえ》、尿量増加などがある。

双極性Ｉ型障害における、躁病エピソードでは、気分の異常な高揚が持続的に生起し、易怒的になることもある。気分の高揚に伴って、尊大で自己肥大した誇大性がみられ、睡眠をあまりとらなくても活動的に動け、多弁で、考えが次々に浮かんでくる観念奔逸がみられる。注意力は散漫になり、活動性は高まるが、焦燥感も生じる。収入に見合わない浪費や性的奔放さや無計画な起業などの無茶な行動が生じる。甲状腺機能亢進症でも、食欲低下、活動性亢進などが生じるので鑑別を要する。

ストーカーとの関連でいえば、誇大性から、著名人と恋愛関係にあると思い込み、相手に迫る可能性もある。また、性的無分別から様々な相手と関係を持ち、その中に気に入った人がいると、気分が高揚した間はつけ回す可能性もある。ただ、躁病エピソードは、エピソードであり、長くは続かないのでいずれ収束するが、その間に問題が起きる可能性は多々ある。

双極性障害のカウンセリング

躁病時の気分の高揚は、著しいものがあり、抑制するためにはある程度の行動制限、投薬が必要になる。しかし、通常に服すればまったく普通になるため、通常時にカウンセリングをしても行動抑制上の効果はあまりみられない。それよりも、薬物等により躁病エピソードの防止に努め、それでも躁病相が始まったならば、いち早くそれに気付き、適切な治療に導入することが重要である。その際に、家族や本人に気付きを促すためのカウンセリングをしておくことは有用であろう。

筆者の体験からは、以下の様な手続きが有用であった。躁の波をある程度しずめることができたら、自分に起きていることを患者に理解してもらうよう、行動を逐一振り返る。そこで、自傷他害の可能性のあることを探し出し、いかに予防するかを話し合う。疲れ果てた時に躁状態が顕著に出る場合、日常生活の上で、過労を避けるよう指導し、また、気分の波の周期がある程度分かる場合には、その始まりに早く気付くよういくつかのチェック項目をつくり、早期に治療に導入する。維持量からすばやく増量し、気分の安定を早期に図るとともに、症状の変化に気付くことを促すために、認知療法を導入することも方策の一つであろう。

四、自己愛・強迫型——自分の思い通りにしなければ気がすまない

これは、上記分類カテゴリーに入れるほどではないが、何らかの軽度の精神障害の存在を示唆する一群であり、現代社会では比較的多く見られる型である。現代は成人になっても幼児期の自己中心性から脱し切れない大人が多く存在する。少子化に伴なう親の過保護や経済状況の余裕から甘やかされた子供が成長した姿とも、親子の触れ合いが減少したせいであるともいわれている。現在、中国の人口抑制策である一人っ子政策による弊害のひとつとしても、甘やかされた子供の問題が浮上してきており、PCに夢中になって引きこもりになった子供を、軍隊式の訓練施設にいれ、鍛えなおそうという試みもなされている。日本では、高度経済成長に伴い、中国よりも数十年

早く生起しており、もともと依存性の許容される社会慣習も寄与していると考えられるが、引きこもりと共に新人類形成の一翼を担っている。

強迫性障害は、従来、戦時には激減する障害であるといわれており、平和の続く日本では増加傾向にある。強迫とは、自分でもくだらないと分っているのに、何度も施錠やガスの元栓を確かめたり、手洗いをしたり、一定の順序に従った儀式的行動をしたりしないではいられない、しなければ不安に駆られるといた症状を示し、よく見られるのは、洗浄強迫、確認強迫などである。疾病まで至らない傾向の保持者はかなりの数に上ると考えられる。

ストーカーに関していえば、独りよがりの思い込みから、自分を受け入れない相手の扱いを不当と感じながら追いかけ回し、関係の構築が困難と感じると、攻撃を仕掛けることもある。自分の愛を受け入れないことに我慢ができず、相手に固執する。念のため断っておくが、これは、現在強迫神経症を患う人がストーカーになるということは意味していない。ストーカーは人に執着し、強迫神経症の人は、汚染や物理的な事象に執着している。

つまり、強迫性障害の文脈で、ストーキング行為を解釈すれば、「なすべきことが定まらない状況下で、過剰なエネルギーを、所与の特定他者（個々のストーキング行為は特定他者に向けられているが、その他者である必要は永続的ではなく、次々に対象を代え得るという意味で）への固執に向けた行為」（村上一九九七）として位置付けられる。つまり、他者に強迫的に向けられた、甘やかされた自己愛者における抑制を欠いた貪欲と支配欲が相俟って、ストーキング行為として析出していると理解されよう。現代は、貪欲な強迫的自己愛者に翻弄される抑制欠如の時代であるといえよう。

〈自己愛性人格障害〉

自己愛性人格障害は、臨床場面では単独で問題になることは少ない。しかし、境界性人格障害や他の精神疾患との併存障害として、診断名がつくことがある。

自己愛性人格障害の特徴としては、自己が偉いと認識する誇大性、それに伴う称賛欲求と他者の気持ちを計らう共感能力の欠如がある。業績の裏付けがないにもかかわらず、自分が優れていると人に認めさせたい。理想的な愛の空想にふける。自分が特別な存在で、特別な人にしかわからないと信じている。特権意識が強い。自分の目的を達成するために人を不当に利用する。他者の気持ちを構わず、気付こうとしない。

他人への嫉妬心が強い。あるいは、他者が自分に嫉妬していると思い込んでいる。尊大で傲慢な態度をとる。

以上の特徴は、特に高学歴の専門職にかなり見られる性格傾向であろう。そのような人が恋愛をする時には、自分にとってのみ都合のよい理想像を相手に求める。相手の気持ちは図らないため、一方的であることにすら気付かないで、相手の態度に腹を立てる。人を利用してもはばからないため、恋愛も自分の偉大さを示す一手段になる可能性は高い。

現在では、パワーハラスメントとの関連や、自己中心的な行動をとる若者の犯罪などの脈絡から研究されてきている。

〈強迫性人格障害〉

強迫性人格障害は、完全主義、物事の秩序を過度に重んじ、人間関係にも統一性を重視し、柔軟性、効率性が損なわれている障害である。

物事の細目、順序にこだわりが強く、全体の効率が損なわれる。自分で納得するために厳密な基準を持ち、それを守っているため仕事の遂行が円滑にできない。遊びや友人関係を犠牲にしても仕事にのめりこむ。倫理、価値観について過度に良心的で、融通が利かない。使い古して、価値のない、思い出もないものを捨てられない。自分のやり方に従わない限り、人に仕事を任せられないし、一緒に仕事ができない。金銭的にケチであり、将来の有事に備えて貯蓄を好む。思い通りに儀式ばった形式で行動するため堅苦しさと頑固さが目立つ。操作的診断基準に沿っていえば以上のようになるが、実際の強迫性障害では、そのうちの一部が突出して存在している。全体的に見て、新しい課題に慣れるのに時間がかかり、仕事の能率は悪く、人によって、倫理観に劣る場合もある。臨機応変に仕事をこなせないため、使えない人、不器用な人としての印象が残り易い。

自己愛性人格障害・強迫性人格障害のカウンセリング

この型では、強迫性障害に対しては、ＳＳＲＩの効果が報告されている。その他については、本格的な投薬治療よりも、認知行動療法や再教育・再訓練、発生予防のための幼児教育の見直しが効果を発揮すると考えられる。その他に、教育的カウンセリングなども役立つ可能性がある。強迫症状に関しては、ターゲットとなる行動が明確なため、目標を定めやすく、認知行動療法の良い適応になろう。昔、筆者の恩師は、洗浄強迫の患者に対して、「インドにでも行かれるといいですね」と助言していたが、患者は迷惑そうであった。しかし、この逆説療法を始めとして、精神分析の良い適応になる場合もある。

五、コミュニケーション障害型――別に悪気はないんです。対応の仕方が分らなくて

これは、適切な対人距離を保てず、あるいは対人接触ができずに、適切な対人態度がとれず、結果として故意ではなく相手に脅威を与えたり、時に破滅的な行動を示したりする。軽度自閉症者の場合、思春期になり女性に関心を示したとき、悪意なくその女性に付きまとったり、相手をじっと見つめたりすることがある。それは、相手にも容易に気付かれるほどの露骨さを呈し、本人の意図とは関係なく、相手に脅威を与える場合がある。先の「佐世保銃乱射事件」の犯人は、学校の成績もよく、努めて適応しようと心掛けていたところはあるが、職場でも、社会でもうまく適応できず、攻撃性の亢進したアスペルガー障害の存在を想像させる。しかしここで留意しなければならないのは、診断名自体がそのまま、他の同様疾患の障害者の危険性を示すもので

はないということである。広汎性発達障害の人が犯罪を引き起こした時、同じ疾患を持つ他の人々まで一義的に危険視するのは愚かしいことである。

ある種のコミュニケーション障害は、ごく軽度の広汎性発達障害があるか、それも見当たらない場合がある。そこには、今の若者にみられる希薄な人間関係から導かれたコミュニケーション障害とも言い得る状況があるのは事実である。

コミュニケーション障害のカウンセリング

コミュニケーション・スキルのトレーニングが効果的であろう。これまでは、問題児扱いされて学校でも不適応児とされていた同疾患の子供たちも、徐々に障害を持つ児童として、適切な対処行動を学びながら、また周囲の者に疾病を理解されながら居場所ができてきている。著明な疾患がない場合でも、コミュニケーション下手な若者は増えてきているといわれている。初等教育場面だけではなく、中高や大学においても、コミュニケーション・スキルを学ばせるカリキュラム作りが要請される。

米国では、易怒的ですぐに暴力的になる非行少年に対して、怒りを抑えるプログラムに参加させるなどして感情のコントロールを図る取り組みが以前からなされている。

これまでに使用されてきたコミュニケーション改善の技法としては、ロールプレイ、ソーシャルスキル・トレーニング、アサーション・トレーニングなどがある。

その他、芸術療法も時によって非常に有用である。以下に、俳句・短歌療法が奏功した事例を挙げる。口頭によるコミュニケーション障害のある患者には、驚くほどの効用がみられる場合がある。

第二節　ストーキング被害者などのカウンセリング治療

その他、ストーキング被害者についても言及しておく必要があるだろう。これは、犯罪被害者に関するＰＴＳＤの研究治療と合致するが、特定の傾向もみられる。以下にその概要を述べる。

ストーキング被害者のカウンセリング

ストーキング被害者は、米国では多い。大学生六八一人に調査を実施した研究（Haugaard & Seri）でも、回答者の二〇％は、ストーキングなどの侵害的な行為がデートの後や恋愛関係の終わりに生じ、その対象になったことがあると答えている。また、八％の者は、自ら侵害行為をし、そのうち一％の者は侵害の対象になった後、侵害行為を開始した。被害を受けてから加害者になった者たちである。被害者は女子学生が多かったが、侵害者には性差はみられなかった。回答者のうち、二〇％の者は身の危険を感じており、三一％の者はその後の恋愛関係や生活全般に悪影響があったと回答している。ストーキング被害の影響は長引く傾向があることが示唆されている。

ストーキング被害者の治療に関しては、ＰＴＳＤの文脈から多くの研究がある。最近の研究では、親密なものによる暴力（ＤＶ）に起因するＰＴＳＤの症状に関して、身体的、性的、心理的ストーキング被害について検討したところ、暴力がひどければひどいほどＰＴＳＤはひどいことが分かっている（Basile KCら二〇〇四）。また、被害者の視点からストーカー分類を行っている研究がある（Del Ben Kら二〇〇二）。以下に簡単に紹介する。

クラスター1（害はないグループ）…普通に近い、嫉妬は少ない

クラスター2（脅威は低いグループ）…身体的暴力、脅しはわずかで、違法行為も少ない

クラスター３（暴力的な犯罪者グループ）…身体的脅威の可能性が最も高く、違法
行為も多い
クラスター４（脅しがひどいグループ）…被害者―加害者の関係がもっとも深く、
初対面時から相手に制限をかける

これらは、ストーキングの種類によって、被害者が受ける身体的・心理的損傷に大きな幅があることを示唆している。それらの差に応じた治療、処遇が望まれる。

ストーカー犯罪に関して、司法関連の臨床家は重要な役割を果たしている。ストーキングや脅迫は、特に、主要精神障害と関連していることから、問題行動モデルの作成や、専門的なクリニックの必要を説く研究者もいる（Warren,L.J.ら）。被害者の受ける影響は大きく、直近の身体的危機とともに、ストーキング被害を運良く免れても、その後長期的に続くＰＴＳＤ症状からの回復が課題となって残る。その際には、心理療法、薬物療法などが用いられるが、現在までのところ日本では専門医療機関の数はなきに等しい。わずかに、犯罪被害者のための相談施設などが大学相談室などで細々と活動しているに過ぎない。

犯罪被害者に高度の理解を示す専門クリニックと精神科医の存在は患者の効果的な

回復に必要不可欠である。特に、レイプ被害者、ドメスティック・バイオレンス被害者、ストーキング被害者など、性に関連した被害を受けた女性患者の場合、男性医師にその話をすることには大いに抵抗があり、明らかになる時期が遅れることは市井のクリニックなどに勤務していると経験することである。診断と症状を元に治療する限り、薬物療法上の大きな違いは存在しないとしても、精神療法上、心理療法上、患者の安心感の上では治療効果に大きな差となって現れることがある。わずかにある犯罪被害者のための医療機関、相談室などで得られた知見は、広く臨床応用ができるよう、何らかの情報発信システムが必要であろう。近年、女性精神医学や性差医療に関する団体ができつつあるが、全体を把握しながら、細分化、専門化する必要もあると思われる。

偽ストーキング被害者

日本では、たまに電車内の痴漢冤罪行為で話題になるが、臨床的には偽ストーキング被害者の問題は余り話題に上らない。しかし、存在しないストーキング被害を訴える一群の人々がいるのだ。統合失調症や妄想性障害、妄想性人格障害の被害妄想体験については、日本でも知られているが、ミューレンらの詳細な一八例の偽被害報告に即して以下概観する。

ミューレンらの報告では、偽被害者は、女性一四例、男性四例となっており、女性に多い。年齢層は、三〇代八例、四〇代、五〇代が各四例、二〇代が二例となっており、三〇代以降五〇代までが多い。疾病診断では、妄想性障害が八例、人格障害が三例、PTSD（post traumatic stress disorder：外傷後ストレス障害）が三例、詐病・仮病が二例、統合失調症、不安障害が各一例となっており、妄想性障害が多い。偽被害者にストーカーとされている人々は、知人、同僚、隣人などが多く、近親者は少ない。結婚歴では、独身者が一〇例、離婚者が五例、別居中二例、未亡人一例となっており、健全な婚姻生活を送っているものはいない。職業は、医療関係者、俳優、ソーシャルワーカー、会社員、工員など多岐にわたる。妄想性障害の偽被害者では、襲撃に備えて武装していた者が多く、その道具は、拳銃、ナイフ、バット、唐辛子スプレーなどである。

偽被害者の類型としては、以下のようなものがある。

①被害申し立て回避型・・実は偽被害者がストーカーであり、人格障害者に多い

②精神病性妄想型：文字通り妄想に操られて、人が自分にストーキング行為をしていると確信している

③過敏反応型：過去にストーキング被害体験があり、些細なことに反応してしまう。PTSD、不安障害などが多い

④詐病・仮病型

また、ストーカー被害に関する偽被害者の割合に関する別の統計的数値では、女性で約一二から一六％、男性で約四から七％となっている（Sheridan,L.P.　2003）。人の視線にさらされがちな女性に多いというのは納得できる結果である。

被害者を装う精神病理は、その疾病背景によってさまざまである。妄想による者は、自分が被害を受けていると確信して武装し怯える一方、人格障害は、相手にはねつけられた恨みや恥からストーカー行為をして訴追されると、それを逃れるために自身が被害者であるかのように虚偽の申告をすることがある。過去に被害を受けた者は、過敏に反応してしまうというのも頷ける。

集団ストーカー

最近になって、集団ストーカーという用語が用いられるようになってきている。これは、文字通り、組織的に対象に対してストーカー行為を行うとされている。子供のいじめでも、近年では、集団化、陰湿化、ゲーム化などが指摘され、小中高校時代にいじめにあった子供たちは、成長してもなお、心に大きな傷を抱えていることはしばしば指摘されている。それが、大人の社会で繰り広げられているというのである。子供のいじめとの大きな相違は、会社ぐるみの人員削減のための「リストラ・ストーカー」が、昨今の経済状況の悪化に伴い明確な目的を持って行われているといわれている点であろうが、果たしてそれは事実として存在するのであろうか。

集団ストーカー関連のインターネット・サイト(http://www.johoguard.com/SSK.html)によれば、多くの場合は、被害者側の思い込みであるという。その思い込みをきたす原因について、以下の四要因を挙げている。

① 何らかの事件に巻き込まれたあとのPTSD症状として

② もともと社会不安障害、適応障害、境界性人格障害、妄想性障害、パニック障害、自己愛性人格障害などが存在し、事態に過剰に反応する場合

③ 覚せい剤、有機溶剤、麻薬など薬物起因性の幻覚妄想として
④ 自律神経失調症による身体不具合を被害的に解釈する場合

そして、客観的な決め手として、加害者になった場合を想定して、その行為の困難さ、エネルギー消費上いかに割が合わないかということを説明している。多くの場合、それは当て嵌まっていると思われる。

非常に厳しい社会的立場に立った時、我々は、自身の不手際を認める代わりに、他人のせいにして怒り、攻撃しようとする。つまり、認知のゆがみが生じてしまうことがある。初期のうちに事態を客観的に検討すれば、その認知のゆがみを正すことも可能であるが、それが、インターネットなどの必ずしも正確さを担保しない情報媒体を通して強化され続けた場合、歪みの矯正は非常に困難になる。それが不安を増強させ、種々の精神疾患をきたすということである。

すべての集団ストーカー被害が、上記被害妄想で説明されるわけではないが、多くの割合を占めているというのは、臨床的実感でもある。被害妄想を呈する代表的な疾患は、統合失調症、覚せい剤による妄想などがあるが、患者さんが不特定他者の住居侵入や見張られ感を訴える場合、状況を詳しく尋ねると、やはり妄想とみなさなけれ

ばならない場合がほとんどすべてである。そこでは、治療的介入によって、ストーカー被害者の苦痛を免れる可能性があるということである。薬物療法とともに、エビデンスのある認知行動療法の良い適応であろう。しかし、必ずしもすべての人が完治するわけではない。

実際、営業不振の企業倫理の希薄な企業経営者が人員削減をするために、小集団で特定の人に嫌がらせをする可能性はある。しかし、それも企業の場合には公然とリストラをすれば済むのであって、これまでにも不当解雇、セクハラなどで泣き寝入り退職をしてきた人は少なくないと思われる。近年、被雇用者の権利が拡張され、セクハラ・パワハラなどが社会的に認知されるようになってくると、泣き寝入りの被害者から権利を有する攻撃者に転じるとしても理解はできる。それらが客観的な証拠に基づいているかどうかが問題なのである。

第三節　ストーカー被害への対策

カウンセラーは、クライエントの治療に当たると同時に、その被害を最小にする方策も提供する必要がある。ストーキング対策は、今や犯罪防止上の観点からも重要なものとなっている。ミューレンらの著書から以下に概観する。

まず、ストーカー被害に遭う前の予備対策には、以下のようなものがある。

一、予備対策

①相手を見極める。所有欲、過剰反応、病的嫉妬、極端な献身と拒絶など情緒不安定がないか、あるいはあればどの程度か

②相手が危ないと思ったら、遠ざかる、付き合いをやめる。その際、相手の体面を傷つけず、しかし理性的に率直にきっぱりと告げる。これが失敗すると面倒なことになる

③個人情報を守る。自宅住所、電話、メールアドレスなどは公開しない

実際にストーキング被害に遭っているときの対策としては、以下のようなものがある。

二、被害にあっているときのストーキング対策

①ストーキングされていることを周辺の第三者（家族、親戚、職場の上司・同僚な

ど）に伝える。重要情報の流出を防ぐ。ストーカーの写真を撮って関係者に配り、警戒してもらう

②支援機関と連絡をとる。警察（客観的証拠を提示、窓口でだめな場合は上司にかけ合う、捜査記録のコピーをもらう）、ストーキング被害対策の民間団体など

③接触と対決を避ける。接触しない旨は1回だけきっぱり言う、その後は接触しない

④証拠資料を残す。留守電メッセージ、メモ、手紙、プレゼントなど日付を書いて鍵つき戸棚などにしまっておく。アプローチ、つけ回しなども日記に書いておく。関係する通信、物品のコピー、捜査記録のコピーを複数とっておき、自宅外にも一部保管する。ストーキング中の違法行為（家宅侵入、窃盗、暴行）の警察記録もファイルする。ストーカーの写真、車のナンバーなども記録する

⑤電話対策。番号を変えるよりも、留守電にして相手を確かめてからでる。留守電メッセージも友人に頼む。第二の電話を設ける

⑥裁判所の禁止命令はとるのなら早めにとる……理性の残っているストーカーには被害者の意志を知らせるのに役立つが、権利意識の強い元パートナーなどの場合、

行動がエスカレートすることもある。禁止命令発布後はしばらく傷害を受ける危険が増大することもある
⑦刑事告訴を考える。しり込みする警察を引きずり出せる
⑧自己防衛トレーニング。護身術など。武器使用はすすめない。過剰防衛の危険がある
⑨職場でハラスメントを受けた場合は、上司に報告する。管理職は相応の対策をとれば、ストーキング行為が早く収まることを知るべきである

第四節　類型別のストーカー対策

筆者の分類に即して対策を考えて表示すると以下のようになる（表17）。

パラノイア型

訂正不能の誤った確信をもっているため、改善は困難ではある。対象に親和欲求を持ち、近づくために強引な行動をとる。暴力性の有無は、妄想内容と本人の性格により幅がある。妄想に関する事柄以外では、適応は良い。この型の対策としては、まず、

表17. 類型別ストーカー対策

	特　徴	対　策
パラノイア型	妄想であるため、訂正は極めて困難である。親和欲求が強く、強引な行動がみられるが、暴力性には幅がある。妄想部分以外は、正常あるいは正常に近い社会適応を示す。	まず、治療導入を考える。ストーカー規制法を適用する。場合によって刑事訴訟を考える。しかし、妄想以外は異常に見えないため、証拠がないと困難である。
単純強迫型	恋愛関係の破綻、恨み、憎悪から攻撃性が強い。住居侵入、イタズラ電話などが見られやすい。計画性があり、秩序的である。コントロールされた行為がみられる。	中立的な第三者を立てる。被害者と加害者は直接接触させない。ストーカー規制法よりも、違法行為があれば刑事訴訟を考える。
精神病型	統合失調症の妄想型が代表。無秩序で、コントロール不良の行為であり、妄想の消退とともに突然おさまることもある。	治療導入が最優先。保護観察者に通報、疾病の増悪期でなければ、はっきり話して功を奏することもある。
自己愛・強迫型	思い込みが強く、わがままな行動。しかし、秩序的であり、コントロールされた行為。	迷惑であることをはっきり伝える。一部は治療に導入、認知療法・認知行動療法
コミュニケーション障害型	悪意はなくても、相手には理解できないため、恐怖を惹起する。	治療に導入する。治療教育として、適切な行動を学習させる。

妄想を減じるべく、治療導入を考える。しかし、すんなりとは受診してはくれないので、身を守る方策を立てる。ストーカー規制法を適用して、近づけない工夫をする。場合によっては、刑事訴訟を考える。しかし、妄想以外は異常に見えないため、明らかな証拠がないと立件は困難である。

単純強迫型

元夫婦、元恋人など恋愛関係の破綻、恨み、憎悪から攻撃性が強い。住居侵入、イタズラ電話などが見られやすい。一時の症状に駆られているわけではないので、計画性があり、秩序的で、コントロールされた行為がみられる。復縁を迫って拒絶されたときや絶望感を抱くと思い切った行動をとることがある。対策としては、中立的な第三者を立てて、被害者と加害者は直接接触させない。加害者側の思い切りが悪くなり、感情的になって暴挙に及ぶ可能性がある。ストーカー規制法に素直に従うことは少なく、それよりも、違法行為があれば刑事訴訟を考える。被害を最も受けやすい型なので、十全な安全対策を講じる。

精神病型

統合失調症の妄想型が代表である。他に躁病相の場合もまれにある。妄想に突き動かされているため、無秩序で、コントロール不良の行為であり、妄想の消退とともに突然おさまることもある。薬物を中心とした治療導入が最優先される。本人に病識がない場合が多く、家族など保護観察者に通報するなどして、治療場面での対応を促す。疾病の憎悪期でなければ、はっきり話して功を奏すこともある。

自己愛・強迫型

自己愛型は、自己中心的思考に陥りがちで、わがまま、尊大であり、強迫型は、思い込みが強く、心理的視野狭窄に陥っているため、行動修正が困難であり、時に抑制が欠如した行動をとる。しかし、秩序的であり、コントロールされた行動傾向ではある。対策としては、迷惑であることを相手にはっきり伝える。一部は治療に導入して、薬物治療を実施する。心理療法としては、認知療法・認知行動療法などが適用になる。

コミュニケーション障害型

つけ回しなどがあっても、我知らずしている場合もあり、悪意はないこともある。しかし、相手にはその行動が理解できないため、恐怖を惹起する。対策としては、程度によって異なるが、治療に導入する場合と、治療教育として、適切な行動を学習させることが重要である。

第五節　ストーカー治療に期待される心理療法

以下にストーカーの治療に有効性が期待されるいくつかの治療法を紹介する。

一、認知行動療法

認知行動療法は、うつ病、不安障害によく適用されているが、その他に、変法として統合失調症や双極Ｉ型障害、強迫性障害など適用範囲は広がってきている。はじめに、認知療法と行動療法について概観し、その後認知行動療法に言及する。認知行動療法は、日本でもかなり普及し、その実際を紹介したＤＶＤなども販売されている。病院やクリニックには、認知行動療法を実施する臨床心理士もかなり見られるようになっている。以下に、その理論、作用機序を概観する。

認知療法

人間は世界をありのままに観ているのではなく、その一部を選びとり、個人の知覚・経験・学習を通して解釈している。その解釈には当然個人差があり、客観的な世界そのものとは異なっている。そのため、誤解や思い込み、自己流の解釈が存在し、不都合な認知をしてしまい、結果として様々な嫌な気分（怒り、悲しみ、抑うつなど）が生じてくる。この不都合な認知から生じる気分の流れを、記録して客観的に把握すること、また、それらに別の観点を見つけるために紙に書いて修正を試みる事が認知療法の基本である。そのために根拠を明らかにし、ステレオタイプな認知を「歪み」と名付けている。認知の歪みには、一般人にも見られるものとしては、寛大化傾向（より肯定的に評価する）、中心化傾向（極端な評価を避け、平均的な評価を下す）、対比誤差（自分と比較して相手をより厳しく評価する、例えば時間厳守の人は、数分遅れただけでも相手を時間にルーズと評価する）、ハロー効果（人をいったん良い人と評価すれば、多くの要素でよい評価を下す、例えば性格が良いから頭も良い、優しいなど）、論理的誤差（自分の知識に沿ってある性質を持った人は他の性質も持っていると予想する、例えば、眼鏡をかけた人は冷たいなど）、傾性帰属傾向（他人の行動は状況よりも本来の性質によって起こされたと思い込む、例えば、車の欠陥で事故を起こしても、不注意な人の場合本人の過失と判断されてしまう傾向）などがある。

結局、我々は、人の性質について素朴な性格理論（認知の枠組み）を持っており、その枠組みに沿って人や自分を見ている　それを、暗黙の性格観（implicit personality theory）という。

認知行動療法の適用になる人々の場合には、その程度が個人や周囲を悩ませるほどの深刻な側面がある。認知の歪みを認知行動療法との関連からみると、その認知変数として、不合理な信念（irrational beliefs）、論理的誤謬（erroneous logic）、期待（expectancy）、対処可能性（controllability）、自動的思考（automatic thinking）、自己効力感（self-efficacy）、原因帰属（causal attribution）、自己敗北的認知習慣（self-defeating cognitive habit）などがある。

認知療法ではこれらの認知の歪みに対し、クライエント自身が、多様な解釈や反証をする手助けをする。このように自らが認知を修正することによって、身体反応が軽減したり、苦しみのより少ない方向に気分が変化したり、より前向きに行動が出来るようになる。

認知療法には、クライエントの「認知」に働きかける数多くの技法が存在する。コラム法、思考の証拠さがし、責任帰属の見直し、損得比較表、認知的歪みの同定、誇張的表現や逆説の利用、症状や苦痛の程度についてスケールで表現、認知的リハーサル、自己教示法、思考中断法などである。実証研究によるエビデンスからは、初期から中期のうつ病に有効であるとされている。

行動療法

行動療法（Behavior therapy）は、心理療法のひとつで、学習理論を基礎とする行動変容法・理論を総称していう。心理療法がターゲットとすべきは客観的に測定可能である「行動」であり、また心理療法が目標とすべきは、問題とされる「行動」を減らしたり、逆に望ましいとされる「行動」を増やしたりすることであり、精神分析のような因果論的な心理療法とは一線を画する。他の治療に比べ、時間がかからず、指導者に対する費用も少なくすむ反面、患者自身の個人的経験や葛藤を考慮していないため、ある症状を除去したところで、代わりに別の症状が出てくるという批判もある。

近年では、暴露法（エクスポージャ法）が比較的よく用いられている。長期的暴露法という変法も工夫され、徐々に広がっている。脱感作法は刺激に徐々に慣らしていく方法で以前から用いられているもので、バイオフィードバック法は、発汗、体温変化などを測定する生理学的測定器などの客観的指標を用いて自身の心身の状態を調整する訓練法である。

その他に、一般的オペラント技法、差異強化技法、漸近的行動形成技法、トークンエコノミー技法、モデリング技法、セルフモニタリング技法などがある。

認知行動療法

上記のように、学習理論に基づく行動変容法・理論を総称して、行動療法、一方、認知や感情に焦点を当てる心理療法を認知療法と呼ぶ。実際のところ、この両者は不可分に結びついており、「認知行動療法」と呼ばれるようになった。これまでに効果が実証されている疾患としては、以下のようなものがある。ＰＴＳＤ、強迫性障害、子供や青年期のうつ病には有効である。また、パニック障害にも有効であると言われている。過食症にも有効な可能性はあるが、目標を特化する必要がある。全般性不安障害には有効である。自傷企図に対しての効果は不明である。統合失調症、不眠症には効果不明であるが、変法としての認知行動療法は実際にも用いられ、患者のストレス軽減に役立っている。

認知行動療法の詳細については、関連書籍も多くあるのでそれを参照されたい。ここでは、鈴木伸一、熊野宏昭、坂野雄二（一九九九）による、明快な説明から主にカウンセラーの在り方に焦点を当てて一部改訂引用して概観する。なお、ストーカー関連の適用疾患としては、妄想性障害、人格障害、統合失調症などである。

認知行動療法とは、クライエントの不適応状態に関係する行動上、情緒上、認知上の問題を治療の標的として、学習理論をはじめとする行動科学の諸理論や行動変容の各種技法を用いて、不適応な反応を減らして、適応的な反応を学習させていく治療法である。

クライエントが訴える問題は、情緒的な問題、身体的な問題、生活上の問題にわたりさまざまである。これらの不適応問題が発生する背景や維持のメカニズムには、個人の予測や判断、信念や価値観といった考え方（認知）の問題が関連していることが少なくないと考えそこをターゲットにしている。

認知行動療法では、予測や判断、信念や価値観といったさまざまな認知的要因（認知的変数）を想定し、それらが個人の情緒や行動にどのような影響を及ぼしているかを重視している。

そして、治療においては、情緒や行動に影響を及ぼしている認知的要因を治療のターゲットとして扱う。それらを適応的な認知へと変えていくことで気分の安定や行動の修正を行っていくことを目的としている。また、考え方が変わることによって、気分や行動は変わるということをクライエント自身が繰り返し経験することで、「自分の情緒や行動をコントロールすることができる」ということを自覚できるようにする。つまり、認知行動療法とは、セルフコントロールの修得をねらった治療法である。

認知行動療法の特徴

認知行動療法は、行動療法を基礎に発展した治療法である。治療の基盤となる発想は、行動療法と多くの点で共通している。具体的には、以下のようなものがある。

①治療的面接が構造化されており、治療者は積極的にクライエントに働きかける
②治療者は、現存する症状あるいは行動上の問題に焦点をあて、クライエントの問題を操作するための一連の治療を計画する
③クライエントの児童期など過去の経験、人間関係が症状に本質的に影響を及ぼしているとは考えない
④無意識や幼児期の性的問題、防衛機制といった精神分析的な説明不可能な過程を排除する
⑤クライエントは不適応な反応パターンを獲得してしまったのであり、それは「学習解除」できるものである

また、行動療法では治療標的を外部からみて明らかな行動や反応に限定してきたのに対し、認知行動療法では、予期や判断、信念や価値観といった内的な反応も治療標

的としている。

さらに、治療においては、不適応行動がなぜ維持されているかを説明するとき、刺激と反応の結びつきだけではなく、行動に及ぼす認知の機能を重視する。

つまり、認知行動療法とは、次のような特徴をもつ治療法であると言うことができる。

①行動を単に刺激と反応の結びつきだけで説明するのでなく、予期や判断、思考や信念体系のような認知的活動が行動の変容に及ぼす意味を理解し、それが行動に影響を及ぼすと考える

②行動をコントロールする自己の役割を重視し、セルフコントロールという観点から行動変容をとらえ、人間の理解と治療的関わりの基本として、人間の行動が結果によってコントロールされているという「受動性」よりも、人間が自分の行動を自分自身でいかにコントロールしているかという「能動性」を強調し、そうした能動性を支えている要因としての認知的活動を重視する

③認知的活動はモニター可能であり、変容可能であると考える

④望ましい行動変容は、認知的変容によって影響を受ける
⑤治療標的は行動のみの変化であると考えるのではなく、信念や思考様式といった個人の認知の変容そのものが治療標的となり、認知の変容をきっかけとして行動変容をねらう
⑥治療の方針として行動的な技法のみならず、認知的な技法を用いる
⑦行動と認知の両者を治療効果の評価対象とする

認知行動療法の実際における、アセスメントについては、現在、実施例のＤＶＤなども販売されており、その治療場面の様子は観察可能である。ここでは、治療技法、および、治療者の役割を中心に述べる。

認知行動療法の治療

認知行動療法では、これまでに多様な治療技法が提唱されている。これらの治療技法は、特定の症状や問題に応じて焦点化された治療プログラムを提供している。しかし、これらは全く性質の異なるものではなく、多くのプログラムは、①クライエント

が自己の行動や認知を自己観察する　②具体的な対処法を獲得していく　③偏った考え方の不合理性に気づかせ、適応的な考え方を身につけていくという共通した技法を含んでいる。ここでは、認知行動療法の多くの治療プログラムに共通して用いられる治療の核となる技法を解説する。

㈠　セルフモニタリング

人が自分自身の状態を観察しようとするときには、「あの時はこうだった」、「いつもこうだ」と回顧的に観察していることが多い。しかし、このような方法で自分の状態を見つめた場合には、印象的な出来事のみがクローズアップされたり、漠然としたイメージしか浮かばなかったりする。自分自身の問題点を整理するためには、実際その時にどのように考え、どのように行動し、どのような気分であったかを具体的に観察する必要がある。セルフモニタリングは、クライエントが自己の行動、認知、気分などを観察し、記録し、評価することによって、自分の状態を客観的に理解できるように働きかける技法である。記録の仕方は、標的症状によって異なるが、多くの場合、状況の内容や標的症状の強さ、気分やその場で浮かぶ考えなどを記録させる。

この方法を実施する際の注意点は、はじめから多くの情報を記録させようとせず、簡単な記録を取ることからはじめ、「記録をとる習慣」を身につけさせ、徐々に記録内容を増やしていくことである。

㈡　脅威場面への暴露（exposure）

クライエントの多くは、困難な場面や脅威刺激からの回避行動が習慣化されている。そしてそれが、脅威刺激と不適応反応との結びつきを強める原因となっている。クライエントが自らの問題点に気づき、それを克服していくためには、「困難を感じる場面において適切な対応をとることができれば、予想しているような情緒的混乱や破局的な結果には至らない」ということを繰り返し経験させることが必要である。認知行動療法では、ホームワークなどを通して、実際の困難場面を積極的に「治療の場」として活用する。脅威場面に暴露する方法は、①脅威度のもっとも強い場面に最初から曝す方法、②脅威度の低い場面から段階的に曝していく方法、③イメージなどを用いる方法などがある。いずれの方法でも、習慣化された回避行動を取らせないことが大切である。

(三)　対処スキルの獲得

脅威場面に暴露させるには、その場面で生じる情緒的混乱を緩和し、問題を解決していくための具体的な対処スキルを獲得していることが必要である。情緒的混乱を緩和する方法としては、自律訓練法や漸進的筋弛緩法といったリラクセーション・トレーニングが多く用いられている。また、問題解決のための対処スキルの獲得には、現実場面を想定したロールプレイやモデリングなどを通じて、対処スキルを実行できるように繰り返し練習する方法が用いられている。

(四)　認知の再体制化

認知の再体制化は、セルフモニタリングによってクライエント自身が、自らの認知を観察するところから始まる。治療者は、クライエントのもつ偏った認知について、「その考え方は、本当に妥当か?」、「他の考え方はないか?」といったように、認知の歪みや不合理性、過剰性などを話し合い確認していく。また、歪んだ認知と相対する適応的な認知にはどのようなものがあるかを話し合う。さらに、ホームワークなどを通して、現実場面で適応的な考え方ができるように練習し、情緒や行動にどのような変化が生じたかを繰り返し確認するという一連の手続きからなる。この技法はクライエントの認知を直接的に変容しようとするものであり、認知行動療法のさまざまな技法において何らかの形で用いられている。各技法における手順は、その技法でどのような認知的変数を治療標的にしているかによって異なる。

㈤　段階的な目標設定と積極的強化

認知行動療法の基盤となる発想は、不適応反応の学習解除と適応的な反応の学習にある。したがって、治療の中でクライエントに望ましい行動や考え方が見られたときには、積極的に賞賛し、強化していく。また、現実場面において望ましい考え方や行動をとる頻度を増やしていくため、望ましい行動や考え方に対する自信を強めることが大切である。したがって、治療においてはスモールステップで目標を設定し、クライエントが繰り返し成功経験を得られるようにする。

㈥　ホームワーク

ホームワークは、もっとも重要なものの1つである。認知行動療法の最終的な目標は、クライエントが自分の情緒や行動をセルフコントロールできるようにすることである。セルフコントロール能力を高めるには、①困難な場面における自分の状態を観察すること、②面接の中で話し合われた合理的な考え方や、ロールプレイなどで獲得した対処スキルを実際の場面で実行してみること、③その結果としてどのような変化が生じるのかを自覚することが大切である。

そこで、認知行動療法では、アセスメントや治療の過程において段階的なホームワークをクライエントに課し、ホームワークを通してクライエントが得た経験を題材にしてさらに治療をすすめていく。また、ホームワークの題材や目標は、クライエントが成功経験を得やすいものが設定される。そうすることで、治療者は望ましい反応を強化する機会を得ることができ、クライエントの自信を強めることができる。

認知行動療法における治療者の役割

認知行動療法における最終目標は、クライエントの情緒や行動に対するセルフコントロール能力を向上させることである。したがって、治療における主体者はクライエントであり、治療者は協力者、あるいは援助者という役割を担う。しかし、治療者のもつ影響力は小さくはない。十分な治療効果を得るためには、クライエントと治療者が、問題を解決していくための「良き共同作業者」として信頼関係を築いていくことが不可欠である。ここでは、認知行動療法において治療者がどのような役割を担っているかを整理する。

協力者としての治療者

認知行動療法では、面接の中で話し合われた合理的な考え方や獲得した対処スキルをクライエントが実生活の中で実行し、その結果として困難な状況がどのように改善したかを繰り返し経験していくことを重視している。治療者は、クライエントがこのような試みを段階的に、スムーズに行っていくことができるよう援助し、示唆を与える役割を担う。このような治療関係は「協力的経験主義」という言葉で表現されている。この言葉は、「問題点を一緒に整理する」、「対処スキルの実行を促す」、そして、「改善点、工夫点を話し合う」という協力的態度のあり方を表している。しかし、協力的態度とは、あくまでも問題を解決していくために最良のサポートをするということであり、過剰な援助や共感を意味しているのではない。過剰な援助がクライエントのセルフコントロールの獲得を妨害したり、いきすぎた共感がクライエントの依存心を強めたりすることもあるということを認識しなければならない。どのような協力者となるかは、あくまでも問題の解決に即して導き出されるものであり、クライエントが望む協力者となることではない。

良きモデルとしての治療者

クライエントが、柔軟な考え方や望ましい行動を身につけていくためには、望ましいモデルを提示することが必要である。したがって、クライエントの考え方や習慣的な行動の変容を促すためには、治療者自身が、柔軟な考え方や振る舞いを行うことができる良きモデルとならなければならない。クライエントの状態を常に正確に理解するようにつとめ、直観や印象による判断を避ける。また、治療者の理解をクライエントに伝えるとともに、それに対するクライエントのフィードバックを求めることも大切である。また、認知の再体制化や対処スキルの獲得を行うときには、いろいろな考え方や対処のバリエーションを柔軟に提供することも必要である。さらには、コンプライアンスの低いクライエントに対して、「やる気がない」と決めつけていないか、不合理な認知を特定する際に「こう考えているにちがいない」と一方的に判断していないか、主症状を改善することだけに強迫的になっていないかなど、治療者自身が柔軟な態度であるかを常にセルフモニタリングしていなければならない。このような態度をクライエントにモデリングさせることが、クライエントの認知や行動の変容を促していくことにつながるのである。その意味では、誰でもができる療法ではないのかもしれない。

強化者としての治療者

認知行動療法においては、クライエントの望ましい反応に賞賛を与え、強化していくことが重要である。クライエントにとって治療者からの賞賛は大きな強化要素となる。したがって、治療者は常に、どのような行動や考え方を、どういうタイミングで強化していくかを配慮する必要がある。治療者が「誉めている」と感じていても、クライエントが必ずしも「誉められた」と感じているかどうかはわからないのである。つまり、治療者の態度や言葉かけ、共感や賞賛が、クライエントにどのように「機能しているか」をアセスメントしなければならない。

また、「治療者」という刺激がクライエントの反応に影響を及ぼしていることも認識しなければならない。面接における治療者の態度や行動、あるいはクライエントが抱いている治療者へのイメージなどが、クライエントの反応にどのように機能しているのかを見定め、それを治療に活かしていくことも治療を効果的に進めていくためには大切である。

以上のように、認知行動療法は、多くの段階を緻密に積み上げて成立する。その意味で、定式化を要すると同時に、多くの人に適用するにはそれなりの工夫も必要である。精神分析のように、個に即応した手作りの手間は要しないものの、誰にでも同じように適用するのは難しい。ただ、他の心理療法のように、治療者個人の名人芸は必要としないという点では、皆に開かれた汎用性の高い治療法である。

二、弁証法的行動療法

弁証法的行動療法（Dialectical Behavior Therapy: DBT）とはワシントン大学のマーシャ・リネハン（Marsha,M.Linehan,）によって、境界性人格障害をターゲットにして開発された治療法である。

リネハンは、社会心理学者で、当初は自殺研究をするうちに、自殺企図を起こしやすい一群の人々について、その自殺予防の目的から、精神医学者に相談したところ、それはすでに境界性人格障害という疾病単位でまとめられている人々であるということが分かった。そこで、リネハンは、境界性人格障害（以下ＢＰＤ）をDSM-IVの診断基準から、五つの領域の調節不全としてまとめた。それらは、①情緒、②対人関係、③自己概念、④行動、⑤認知である。ＢＰＤとはこれらの領域でうまくバランスが取れない人々と考えた。情緒の変化の大きさ、ほめあげたかと思うとこき下ろすといった対人関係の不安定、自傷・自暴自棄などの低い自己イメージと相反する尊大、無茶食いと拒食などの大きく揺れ動く不安定な人々である。

リネハンは、また禅に関心を持ち、その知見を生かして弁証法的行動療法を開発した。弁証法とは、古くはソクラテスの対話の手法で、ドイツの哲学者ヘーゲルの作った哲学体系にも通じる。ある考えとそれとは相容れない考えを統合的に説明する考えを作りだし、より真理に近づくというものである。弁証法的統合とは、例えば、黒と白という相対立する色彩があった場合、その弁証法的統合は、黒と白が混ざりあったグレーではなくて、白と黒のストライプや格子縞であるという。白も黒もそのまま含まれながら、模様や柄という色とは次元の違う特徴も生み出して白黒両者を備えている。

ＢＰＤでは、過食をするかさもなければ拒食と両極に動く行動パターンがみられるが、これかあれかではあっても、これもあれもというわけにはいかないのであり、またこれとあれの中間というわけにもいかないところに問題がある。

ＢＰＤの人が極端から極端に振れるのは、過敏性とともに、緊張に耐えられないために行動化してしまう衝動性に問題がある。つまり「我慢できるようになる」「耐えられるようになる」ということが治療の目的になる。それを患者さんと合意しながら身につけてもらうということである。

リネハンの調査によると、この治療法によって人格障害者の自殺企図の回数がいちじるしく減少し、その結果は世界有数の医学雑誌で紹介された。

以下に弁証法的行動療法の内容を概観するが、その前にリネハンに影響を与えたという禅宗の教えについてごく簡単に触れておく。禅宗の知識を持つ日本の精神科医・カウンセラーであれば、多かれ少なかれ、その教えを自身の臨床に生かしているものだが、それは個人のスキルであって、システムとして整備しようとは思わなかっただろう。システムとしての療法の構築において西洋人が先行したのには、このシステムに対する考え方への相違が作用していると思われる。

禅語一〇選

以下に弁証法的行動療法の概要を示す前に、その基本概念の中心となっている禅宗の教えについて、松原泰道の『禅語百選』からいくつか取り上げ概観する。

柳緑花紅（やなぎはみどり、はなはくれない…蘇東坡）

柳は緑に、花は紅に、堂々と隠すところなく存在している。すべての存在がそのままに真実を自分に語りかけてくれている。

子生まれて母危うし（子生まれて母危うし…菜根譚）

「…鏹（きょう）積んで盗うかがう。何の喜びか憂いにあらざらんや。」（子供が生まれるというめでたい時には母親は危険にあり、財産ができれば、盗難にあう心配ができる。喜びもことごとく憂いにならないものはない）悲と喜、明と暗、順と逆の一方に偏する片手落ちを戒め、両者の価値を公平に等しく見ること。いずれにもこだわる心を忘れ去ること。

放下著（ほうげじゃく…五家正宗賛）…捨ててしまえということ。ある修業者が「何もかも捨てて手ぶらの時はどうすればよいのですか」と尋ねた時、趙州和尚は「それならそれを担いで行け」と、答えた。何ももたぬというその意識をも捨てよということ。

両忘（りょうぼう…不詳）…有無、豊かさと貧しさ、楽と苦、生死など相対的、二元的な思考法を廃し、執着を忘れる心境。生きるときは精一杯生き、死ぬときは大いなるものに委ねきるとき、生死に振り回されない自由が得られる。生きるときは、生—生—生と一段論法で生き切ること。

莫妄想（まくもうぞう…無業）…妄想することなかれ。妄想すなわちあらぬ思い、事実や実際から遊離した足場を持たない考え方はするな。逆境が人を駄目にするのではなく、逆境への妄想・煩悩が人を食い殺す。

破草履（はそうあい…碧巌録）…ボロボロになって捨てた履き物も、他の用途で使用するために拾いあげ利用する。人が真実の意味で裸になる時、知識も捨て去らねばならない。「捨てた知識を凝視して、さらに拾って育てたいのち」なのである。

非心非仏（無門関）…他に仏を求める必要がないという「即心是仏」にとどまって、とらわれてはいけない、とらわれないことにとらわれてもいけない。即心即仏は、病無くして薬を求めること、非心非仏は、薬も病も退治する。

本来無一物（ほんらいむいちもつ…六祖壇経）…本来何もないという絶対否定。すべてのとらわれを空じつくした純粋人間性の原点にたった認識。神秀の漸悟（修行しながら徐々に悟る）に対して、頓悟（修行の上に飛躍し、仏に直結せよと教える）の祖、慧能の悟りの考え方。身とこころ、迷いと悟り、塵埃と払拭という相対的認識をも断じた言葉。

主人公（しゅじんこう…無門関）…日常的自我Aと本質的自己Bが互いに呼び合い対話しながら自己自我一如になって自分を高めていく。その自己が自我を呼ぶ呼称。

大死一番　大活現成（だいしいちばんだいかつげんじょう）

知識のすべてを吐き出し否定し、知恵にめざめる。

以上、禅の教えの一端を紹介した。執着を捨て、二元論を廃し、自分の中の仏に目覚めて、日々精進せよという教えは、妄執に悩むストーカーには確かに有用であろう。

弁証法的行動療法（DBT）の概要

弁証法的行動療法には、システム化された治療チームが必要である。少なくとも週に一回は治療を実施し、初期治療にまず一年を要し、二年以上はセッションが継続する長期治療法である。以下に、その目標、習得すべきスキルの内容、キー概念について述べる。適用疾患は、ＢＰＤであるが、その他にも、薬物関連障害、犯罪者、摂食障害（特に神経性大食症）など衝動性の顕著な患者に有効性が報告されている。

弁証法的行動療法の特徴

理論的特徴

(1) すべての体系が弁証法的に基礎づけられている

(2) ＢＰＤの成因を、生物社会学的理論に帰す…虐待などの無効化する環境と生物学的要因との相互依存からＢＰＤは生じると考える

実践上の特徴

(1) スキル学習のために集団療法を重視する

一　能力を高める（スキル・トレーニング）

(2) 動機を高める…動機づけとスキルの熟達のために個人療法を実施する

(3) 獲得した技能を日常生活においても般化できるようにする…二四時間電話対応

(4) 効果的に治療を行うための治療者の能力と動機を高める…スーパーヴィジョン・ミーティングを構造化している

(5)　治療環境を構造化する…システムでクライエントに対応する、上記二四時間電話対応など

スキル・トレーニングの内容

①マインドフルネス（Mindfulness）
②対人関係のスキル（Interpersonal Effectiveness）
③感情調節（Emotion Regulation）
④苦悩耐性（Distress Tolerance）

①マインドフルネス

「あるがままを受けいれる」こと。余計なことを考えず、あるがまま素直に受けいれること。禅の考えを精神療法に取り入れたもの。具体的には、禅の瞑想法を用いて、心や身体の状態を「あるがまま」に認識し、他の思考過程を遮断する。ここでは、心をEmotion Mind（感情的こころ）、Reasonable Mind（合理的こころ）、Wise Mind（賢明なこころ）に分け、Wise MindがEmotion MindとReasonable Mindのバランスを上手にとるよう練習する。これは、フロイトの人格理論において、自我がエスと超自我

をコントロールするというのとは少し違う。自我は合理的客観的機能を持ち他の二者を調整するが、それを中心に据えず、賢者のこころに調整機能を持たせた点が、東洋的とはいえる。

バランスを上手にとるための方法としては、善悪の判断を下さず、一度にひとつのことを、効果的に観察、描写、関与することである。

②対人関係のスキル（Interpersonal Effectiveness）

他人との接し方を変えるということ。人格障害の人や、他人とうまく関係を築けない人は、対人コミュニケーションの方法に問題があることが多い。繰り返しみられる問題パターンに気づき、それを修正していくと、自己評価が低い人も自尊心を傷つけることなくコミュニケーションできるようになるという考えに基づく。いくつかの覚えやすいポイントを示しているので抜き出す。

＊対人関係を有効に保つ **DEARMAN**

Describe：描写する

Express：表現する

Assert：主張する

Reinforce：強化する

stay Mindful：心の動きに集中する

Appear confident：自信を持つ

Negotiate：交渉する

＊対人関係を維持するための **GIVE**

be Gentle：穏やかに

act Interested：相手に関心を持っているように振る舞う

Validate：肯定する

use an Easy manner：和やかな態度を示す

＊自尊心を保つためには **FAST**

be Fair：公正であれ

no Apprologies：謝罪しない

Stick to values：価値観を守る

be Truthful：誠実であれ

③感情調節技能（Emotion Regulation Skills）

感情をコントロールする方法を学ぶ。感情を押さえ込もうとするとかえってストレスがたまる。前向きに考える時間を増やす。経験している感情を理解する、感情的弱さを減らす、今ある感情を観察する、その感情を描写する、否定的な感情を減少させていく、肯定的な感情を増加させる

＊否定的な感情に対する傷つき易さを減らすための PLEASE MASTER

treat PhysicaL illness：身体疾患の治療をする

balance Eating：バランスのよい食事をとる

avoid mood–Altering drugs：気分を変動させる薬物を避ける

balance Sleep：バランスのよい睡眠をとる

get Exercise：運動する

build MASTERy：統制力を養う

④危機を乗り越える苦悩耐性

事態をすぐには好転させることができない時、辛い出来事や感情に耐えるためのス

キル。

短期の苦悩に耐えるための「危機を乗り切るための戦略」

長期の苦悩に耐えるための「現実を受容するためのガイドライン」

＊＊危機を乗り切るための戦略（四つ）

気をそらす（賢い心…Wise Mind ACCEPTS）

自分を落ち着かせる（視覚・聴覚・嗅覚・味覚・触覚の全てで感覚を鎮める）

今この瞬間を好転させる（IMPROVE）

良い点と悪い点を考える

＊Wise Mind ACCEPTS

Activities・・活動的になる

Cotributing・・何かに貢献する

Comparisons・・自分より不運な人と比較する

opposote Emotions・・反対の感情を生み出す

Pushing away・・放っておく

other Thoughts・・他のことを考える

intense other Sensations・・他の感覚を引き起こす

＊IMPROVE

Imagery・・リラックスできるシーンをイメージする

Meaning・・苦悩に意味づけをする

Prayer・・黙想する。神や他の崇高なものに心を開き、すべてを委ねる

Relaxation・・リラックスする

One thing at a time・・一度にひとつのことをする

a brief Vacation・・短い休暇をとる

Encouragement・・自分を励ます

＊＊現実を受け入れるためのガイドライン

自分の呼吸を観察する…深呼吸をする、歩くことで、音楽を聴きながらなど

ハーフ・スマイル…朝目覚めたら、自由な時間に、音楽を聴きながら、いらいらした時に、寝ている姿勢で、座った姿勢で、最も嫌いなまたは軽蔑している人のことを考えながら

意識する練習…姿勢を意識する、世界とのつながりを意識する、瞑想などで

以上のような心で日常生活を送れるようになることで、衝動性、心の不安定性、執着、依存性を自身でコントロールできる範囲に減弱する。リネハン博士の治療効果の調査では、この治療法によって人格障害の方の自殺企図の回数がいちじるしく減少したことがわかっている。日本でもいくつかの機関が約2年前ごろからワークショップを開催し始めているが、まだまだ臨床家で参加している人は少ない。欧米のすすんだ治療法を日本も早くとりいれ普及させてほしいところである。しかし、カウンセリング部分が心理療法で保険適用外であるため、週一回の治療を一年間実施すると、一五〇万円ほどの費用を要するという試算がある。対費用効果の点で問題があり、また、システムの有効な機能化には、人的資源も多数要することから、導入には簡便化などの工夫が必要である。

三、解決指向アプローチ（短期療法）

（http://ww9.tiki.ne.jp/~s-nakamura/nakamurayan/sinrigaku/solution.html）

これについては、上記のＨＰから、抜粋した説明を掲載する。

短期療法（ブリーフ・セラピー）は、統合失調症のダブルバインド理論で有名な哲学者、文化人類学者のグレゴリー・ベイトソンと催眠療法家ミルトン・エリクソンの影響を受けて作られた。元々、短期療法（Brief Therapy）という名称は、アメリカ西海岸にあるＭＲＩ（Mental Research Institute）内に併設された短期療法センターから、はじまったもので、必ずしも治療が短期で終結するというものではないようであるが、1クールはその名の通り短い。短期療法は、ベイトソンのコミュニケーション理論を論拠としている。なかでも、スティーブ・ド・シェイザーはインスー・キム・バーグと共に、問題自体の探求よりもその「問題の解決中心」の取り組みを重視して、解決志向アプローチ（Solution Focused Approach）という短期療法技法を開発し、平均面接回数7回程度でセラピーを終わらせるように工夫している。

解決志向アプローチの仮説は、①どのような問題も永遠に続くことはない、②どんなに深刻に見えても、問題が起きていない時や問題が比較的軽度の時、「例外」があるということである。その「例外」の状況から、解決の糸口を見つけ、解決を促進する要因を複数見つけだし、それを拡張させ、良い循環をもたらすことである。

この「例外」にクライエントが思いつかない時は、「ミラクルクエスチョン（奇跡の質問）」を実施する。ミラクルクエスチョンというのは、寝ている間に奇跡的に問題が解決したとしたら、起きた時に、どんなことからそれに気づき、その解決状況でどう行動しますかと尋ねて、解決した状態をイメージさせる一種のイメージ療法である。解決した状態がイメージできたら、その解決行動を作りあげるために、これまでと異なった問題への対処パターンを導入する。

以前、一緒に稼働していた臨床心理士に解決指向アプローチについて尋ねたところ、認知行動療法とよく似ているとのことであった。認知行動療法が、自分の行動を客観的に見て、合理的な判断・行動を身につけていくことであるのに比して、解決指向アプローチでは、問題行動の例外を見つけ、それを拡張し、また治癒したイメージを描かせるところに違いはある。しかし、両者とも、状況の客観的把握を重視して、行動上の段階的変容を促す点で類似しているといえよう。

四、トランスパーソナル心理療法

東洋思想と西洋治療の邂逅は、最近のことではなく、一九七〇年代には、トランスパーソナル心理学の理論に基づいて、種々の心理療法が考案されている。トランスパーソナル心理療法では、個を超えた存在として、自然の一部として人間をとらえる。マズロー Maslow,A の人間主義心理学とユング Jung,C.G. の分析心理学が理論的基礎を与えている。

その心理療法の説明に入る前に、理論的根拠としてのトランスパーソナル心理学について概観しておく。

トランスパーソナル心理学（Transpersonal psychology）

トランスパーソナル心理学の定義に共通しているのは、①意識的な状態、②至高または究極の潜在性、③自我または個人的な自己を超える点、④超越性（トランセンダント）、⑤スピリチュアルであることである。

21世紀は科学界にパラダイムシフトが起きるといわれている。パラダイムとは、ある期間、科学界の思考を支配する概念システムを指し、その時代に広く支持され容認される方法論、評価基準を提示する。そのパラダイムに変化が起こり、それまで信じられていた科学の方法、基礎理論が大きく転換することを、パラダイムシフトという。その理論的基礎をなすのが以下の諸理論であるといわれている。

スタニスラフ・グロフの「古代の英知と現代科学」Ancient wisdom and modern science から概要を引用してみよう。

スタニスラフ・グロフ　Stanisraf Grof

物質主義科学は、苦痛の緩和を目指したが、永遠の哲学は、自身の聖性体験、苦痛からの解放を目指すものである。それは、西洋科学の実用性を保持しつつ、科学の前提を変えるという。

宇宙の基本的生成要素は、究極的に空っぽであるという。東洋思想の「空」に通じる。

素粒子は、その性質上、粒子であり、同時に波動の性質も併せ持っている。一つのものの2つの現れであるという。実体世界は、プロセス、出来事、関係の世界であり、物質ではなく、活動、形態、抽象的秩序、パターンが重要な要素として作用している。

そして、宇宙は物質の集合ではなく、ひとつの思考システムであるという。

C．G．ユングは元型という概念を提示し、意識内容に形態と構造を与える心の無意識部分の傾向を示したが、これは、形成的因果作用の仮説を説明するよい説明概念となっている。けい聖的因果作用の仮説は、先行する類似形態の蓄積が地理的境界を越えて、同一種のその後の一切の形態に影響を及ぼすということであり、シェルドレイクの共鳴理論を説明している。シェルドレイクは、日本の孤島である幸島のサルを観察し、猿のイモ洗いの伝播状況から、共鳴理論を提唱した。はじめに一匹の賢い猿が、砂浜で与えられるサツマイモの砂を取り除くために海水で洗ったところ、砂が容易に取れかつ塩味でおいしかったところからその行動を続けた。そのうち、周辺のサルがそれを真似し始め、その数が一定数に達したところで、全く連絡のない他の島のサルがほぼ一斉にイモ洗いを始めたというものである。はじめの真似と普及はモデリングで説明できるが、連絡のない他の島に一斉に普及したことは、一定数を超えるとその距離に関係なく無意識下の作用が発生し、共鳴に似た現象が生起したとシェルドレイクは結論付けた。

フランシス・ボーン（Frances Vanghan）

トランスパーソナルの視座は、メタ視座の一種であり、既成の多様な世界観の関係に目をむけ、真に変容的なものを生み出す試みとして提示された。そこでは、自分と環境は相互に形成しあい作用し合っているとみなされ、環境が人間に作用するばかりではなく、人間が環境に作用することで、互いに形成し合っていると考える。

ケン・ウィルバー　Ken Wilber

知の領域を次の三段階に想定した。これまで学問の世界では排除されていた、霊的領域を持ち込んだ。今では、ターミナルの現場からも魂、霊の癒しが言及されるようになっている。

①経験的、感覚的領域は、従来の科学的領域の主たる部分である
②心的、合理的領域…価値、意味を重視する領域である
③霊的、超越的領域…洞察、真理を重視する領域であり、現在は学問の世界にも徐々に取り入れられてきている

アリス・グリーン（Alyce M.Green）

精神生理学と健康について論じている。ヒプナゴシック幻影というのは、入眠時幻覚にみられるような入眠時特殊知覚を指し、これは、潜在的創造力をもつと考えた。人のイメージ形成能力に関係し、フィードバック装置による実験なども行われている。患者は意識的に死ぬ道を方向づけられているとした。人は、死の道筋を意識することで辿ってゆく。その意味で、イメージ法は治療的にも有用であり、実際、代替医療の臨床場面では、イメージ法で癌が消えたという報告もある。

クラウディオ・ナラニョ（Claudio Naranjo）

西洋のサイコセラピーにおける東洋の瞑想の効用について述べている。瞑想とは、沈黙と呼吸への注意と観想法からなる。何もしないことで、身体弛緩、活動抑制をもたらす。こころを解き放つことで、自我のない自然体に自らを明け渡す。神意識は、意識を超越的中心に向け直す働きをする。それは、文化によって、神とも自己とも無ともいわれている。念は、心を行き渡らせることであり、体験の基本的要素に注意を促す。超越的中心には、普遍的愛、宇宙的無心ともよばれるものがある。

東洋では、しないこと、無執着、心を行き渡らせることが中心であり、一方、西洋では、神意識、解き放つこと、愛が中心にある。

精神異常には超越願望という「健康的な核」の変成という側面がある。黙想的生活によって低レベルの夢想を高レベルのヴィジョンに変質させる。

フリッチョフ・カプラ（Fritjof Capra）

新しい世界観を提示し、ホリスティック、エコロジカルな視点を導入した。

現在の社会問題は同一の危機の異なった局面であり、本質的に認識の危機であるという。機械的世界観からホリスティックな世界観への転換が要請される。

人間の精神は、個人が宇宙全体に結びついていることを感じ取る意識の様式を指し、素粒子は独立の分解不可能な実在ではなく、他へ作用する一連の関係性であると捉えた。素粒子は物体というよりダイナミックなパターンでありプロセスである。物質界は本質的にダイナミックなもので、その動き・変化が重要なのである。

システム論の観点から、世界を関係性と統合から見る。基本的構成要素に目をむける代わりに組織化の基本原理を強調した。生存システムには層状秩序があり、生物は自己組織化のシステムであるという。しかし生物には、ある程度の自律性（相対的）があり、それは、内的組織化の原理に従い、常に作用している、自己再生のプロセスであり、生と死は自己再生の中心的側面であるという。

ゆらぎは、秩序の基礎であり、ホロノミーは、全体が部分の中に包含された状態をいう。ベイトソンは、心は、生命体、社会、エコシステムに特有のシステム的現象であるという。生命も心も同じ一連の体系的な特性の現われで、自己組織化のダイナミックスを象徴する一連のプロセスであり、心と物質は、同一の宇宙的プロセスの異なった側面を表すものであるという。

心は、自己組織化のダイナミックスであり、脳は、このダイナミックスが遂行される生物学的構造であるという。

以上のようなトランスパーソナル心理学の理論は、一九六〇年代前半から次々と出現したが、ユング心理学と同様に、非科学的、再現性に劣る、スピリチュアルで宗教的であるという点で非難を受けた。しかし、現在の医療場面では、特にターミナルケアにおいては、むしろ癒しのスピリチュアルな側面の検討は不可欠な課題になってきている。人間存在の全体性を考えた時、それが重要な存在の段階を形成していることを認識する必要がある。その科学的証明、再現性は今後検討工夫されればよい。

トランスパーソナル心理療法の要点

プロセス指向心理学…アーノルド・ミンデル、ユング派、一九七〇年代、「自覚」が重要であり、「今起きていることには意味がある」とした。無意識を象徴的に見る視点をもち、ユング派のアクティブ・イマジネーション（能動的想像法）や夢の解釈、非言語的・身体レベルの経験に、直接働きかける手法を加え、クライアントが無意識の材料を統合するのを助けた。老荘思想やシャーマニズムから現代物理学にまで及ぶ領域で培われた認識パターンを元に、「アンフォールディング（展開）」と呼ぶ過程を通して、クライアントに無意識的な体験に自己同一化することを奨励した。クライアントの自覚された体験は、言語や視覚的なもの、動作や深い身体的体験、個人間の関係性、社会的なコンテキスト（文脈）に依っていると考え、この展開するプロセスは、クライアントの自覚された体験の脱構築であるとした。

一九八〇年代初期には、プロセスワークの概念的枠組みを、大きなグループにおけるコンフリクトレゾリューション（葛藤解決）を促進するのに使用し始めた。彼はこれを「ワールドワーク」と呼んだ。

また、現代物理学の思考法から、心的現象の非局在性、非局所性ということを考えている。これは、個人の心に起こる出来事は、集団によって共有されたり、別の誰かの心の中にも起こりうるということであり、個人とグループや世界の心理的なプロセスが、相互に影響を与え合っているという考えである。

ハコミセラピー…ロン・クルツ、一九八〇年代以降、心と体の相関を重視した。

「ハコミ」という言葉は、ホピ・インディアンの言葉で、「日常のリアリティーのさまざまな側面に対して、あなたはいかに参画しているのか？」という意味を持っている。仏教の瞑想における「マインドフルネス」という意識状態を活用しながら、自分探しのプロセスを援助してゆく、いわば「援助者つきの瞑想」を行う心理療法である。タオイズムと仏教の影響を強く受けており、それをさまざまな人間探求の試みに統合した包括的な心理療法で、短期療法としても長期療法としても適用できる。

「心と身体の関連性」を重視し、慢性的な身体症状にも何らかの心的要因が関係しているとして、その症状の背後に潜む心理的問題を解消することで、身体症状が解消されるとする。その瞬間、瞬間にどんな体験が起こっているかを重視し、その背後にある意味を丁寧に探求し、マインドフルネスに留まり、無意識からの微妙なメッセージを聞こえ難くしている感情や思い込み、理屈づけなどを小さくすることで、自らの無意識との内なる交流を可能にする。人生をコントロールしている固定観念（コア・ビリーフ）や思い込みなどに、無理のない形で気づいていく。それらは多くの場合、両親との関係を中心とした乳幼児期のさまざまな体験に関係しており、自らのインナーチャイルド（内なる子供）と対話をすることによって、「大人としての自分」と「子供としての自分」との間に存在する気持ちの葛藤に気づき、それを解消する方法を見つけていく。

そのプロセスを自然な形で呼び起こすための受容的でいたわりに満ちた環境を作り上げ、それを維持しながら寄り添っていく。そうした関係性の基盤となるのが、「ラビング・プレゼンス」である。「相手にあわせようとする」ことからではなく、まずは「自らを満たそうと試みる」ことから、関係性の場が創られるという逆転の発想がなされている。

サイコシンセシス：精神統合、ロベルト・アサジョーリ、一九七〇年代以降人の核心を歓迎し、肯定するとした、インドの神秘主義と精神分析を組み合わせた心理療法。「魂の心理学」と言われ、トランスパーソナル・セルフ、人間の高次の性質を重視し、霊、肉体、感情、精神のすべての面における自己発見を奨励する。個人は自由選択権をもち、自己の全統合を目標としているとした。手法としては、ドラマ、対話、ファンタジーなど用いている。

アサジョーリは、すべての人間にはバランスのとれた人格を発達させ、自分自身を最大限に活かせる潜在的能力があり、各自が自己の発達に責任があることに気づく必要があるという。彼の心理療法は、各自が、健康と良い人間関係を築く能力に気づけるように指導し、サポートする。このプロセスで、人は自己を、人格を構成する心理的要素を調和させる意志を持った積極的な主人公として自己を認識し経験する。自己を知る手法として、さまざまな想念が心に浮かんだとき、それらと自己とは別の物であると意識することで、そうした想念から自由になるという「脱同一化」と呼ばれる手法がある。

そして、意識の中心をトランスパーソナル・セルフ（ハイヤーセルフ）を含むより深いレベルにまで到達させることを学ぶ。このレベルに達して、初めて無条件な愛と喜び、美、知恵、共感、想像力、完全な意識をもって生きることができるという。

ホロトロピック・ブレスワーク…スタニスラフ・グロフ、一九七〇年代以降

当初、ＬＳＤを研究に用いてクライエントに変性意識状態を起こさせ、治療に結びつけるという実践を行って来たが、ＬＳＤの使用が研究でも禁止されると、人工的に過呼吸状態を生起させる呼吸法を開発した。時に、心身に危険を伴う場合もあるので、正しい指導の元で行うことが必要である。

やり方は、横になって目を閉じ、音楽をかけながら深くて速い呼吸を行う。内面に目をむけ、呼吸に集中する。音楽はクラシック、宗教音楽、民族音楽などが使われる。一つのセッションは2時間半ほどである。日常よりも深い意識状態で自分自身と出会い、心身の生命力を活性化すると共に、自然治癒力を引き出すといわれている。呼吸の効果は、ヨガ、古式呼吸など古くから心身の調整に良いとされている。

呼吸中の体験としては、さまざまなヴィジョンや身体感覚、誕生時や子供時代の記憶、感情などが浮上するが、個人によって、またその時のコンディションによって異

なる。

呼吸を行なうブリーザーと、それをサポートするシッターを交代で実施する。意識的に呼吸をコントロールすることにより、意志の力では直接に働きかけることのできない自律神経系に影響を与える。また、呼吸は、感情や気分に直接的に結びついており、意識的に呼吸することで、普段抑えていた、過去にフタをしてしまった感情とのつながりを取り戻し、表現されないままに萎縮していた生命エネルギーを解き放つ。そのとき、これまでにないほど自己を受容し、リラックスして、自分の内にある可能性や創造性の豊かさに気付くという。

フォーカシング：ユージン・ジェンドリン、一九六〇年代以降

ジェンドリンはカール・ロジャースの共同研究者であり、ロジャースの創始した来談者中心療法の実践の中からフォーカシングを体系化した。体験過程（概念化以前の体験の流れ）の推進に重点を置いた。

ジェンドリンは、カウンセリングの成功要因の研究から、クライエントが自分の心の実感に触れられるかどうかが重要であると理解した。そこで、「体験過程」理論を構築し、具体的な技法として「フォーカシング」を提唱した。

「体験過程」は、意識と無意識の境界に注意を向けることで直接身体的に感じられるもので、体験過程の流れは、言葉などで象徴化されることによって、人が成長する方向へ流れていく。しかし、人の意識が体験過程に向けられず、象徴化の機会が奪われると、体験過程の流れは滞り、その結果、様々な心理的困難が生じてくると考えた。

フォーカシングには、「現象としてのフォーカシング」と、「技法としてのフォーカシング」がある。「現象としてのフォーカシング」は、人がまだ言葉にならない意味のある感覚（フェルト・センス）に注意を向け、その感覚と共に過ごすことをいう。人が意識せずに日常的に行っている心的行為である。「技法としてのフォーカシング」とは、体験過程に直接注意を向け、その象徴化を促進する技法のことである。具体的には、まず身体の中心部分にぼんやりと注意を向けながら、何かの気がかりに関する感じ（フェルト・センス）が感じられるのを、受容的に待つ。次に、そのフェルト・センスにぴったりな言葉（ハンドル）を探し、見つかれば、その言葉がフェルト・センスにぴったりかどうかを突きあわせて感じてみる。違っていれば、またぴったりくる言葉を探し、もう一度、フェルト・センスと照合するという過程を繰り返す。フェルト・センスとハンドルがぴったり合えば、フェルト・シフト（ぴったりだという感覚と解放感）が得られることがある。

さらにフォーカシングを続ける場合、今度はフェルト・センスに対して、「何がそんなに〜なのか」「その感じは私の生活の何と関係があるのだろうか」などの質問をし、フェルト・センスの方から、自然に何かしらの反応が返ってくるのを静かに待つ。何か反応が得られるようであれば、それを受容的に受け取る。時間的な限界や、フォーカシングを終えてもよいという感覚があれば、最後にフォーカシングの中で得られた体験を自分の中に受け取る作業を丁寧に行ってから、フォーカシングのセッションを終える。

このフォーカシングの過程は、一人で行ってもよいが、慣れないうちはフォーカシングの過程を聞いてくれる相手がいる方が望ましい。その場合には、フォーカシングを行う人をフォーカサー、聞き役をリスナーとよぶ。また、フォーカサーがまだフォーカシングに慣れておらず、リスナーのほうから積極的に教示を提案するスタイルで行う場合には、ガイドと呼ばれることもある。

五、精神分析療法

現代は、システム理論に基づいたシステマティックな治療法の探索が優勢であるが、合理性、能率重視、拡大する市場への対応を考えた場合には有用な方向性ではある。それによって、最低限の治療の質を担保するということは、健康で安全な生活を守る上で、必要不可欠な道筋である。しかし、それは必要条件ではあっても十分条件は満たしていない。システムにのせてそれでもなお問題が解決されない患者には、多くの費用と手間を要しても、従来の精神療法も併用されなければならない。その有力な代表が精神分析療法であろう。

フロイト（Freud.S）は、無意識という概念を医療に導入した始めの人である。フロイトによると、精神症状は、過去のトラウマの抑圧によって発生するとした。フロイト自身が町医者であったため、主に神経症者を対象としており、その限りにおいては上記の理論は多く当てはまった。その後、アドラー（Adler. A）は、権力への意志、劣等感から人は支配欲を持ち、様々な精神症状が惹起されるとした。この理論も、一部の人々には非常によく当てはまるが、すべての精神疾患を説明できるわけではない。

ユング（Jung.C.G）は、大学病院に勤め、主に統合失調症者を相手にしていたことと、自身が特異的な経験をしてきたことから、ユニークな理論を提唱した。それは、普遍的無意識（集合無意識）の概念提起であり、個を超えて、民族、人類、生物共通の無意識層を仮定したものである。その後学派が細分化し、自我の働きを重視する自我心理学が優勢になり、コフートの理論などが広く知られるようになった。

コフートは、人生は自己愛の成熟過程であるとして、自己と対象との関係性を重視した。その重要概念は、「自己―対象」であり、「自己の一部として感じられる対象」から、能力を自己の内部に取り込んでゆく「変容性内在化」が重要であるとした。「実質上の自己期」には、その対象は母親であり、「中核自己期」には、二極構造をなし、不安定であり、「融和した自己期」には、安定が脅かされると、危機に陥り、自己評価の低下、自己の解体感などを体験する。

「鏡自己・対象」は、母子関係における、誇大自己の受容（野心）であり、「理想化自己・対象」は、理想化された親のイメージとの関係（人生の理想）を形成し、「双子自己・対象」は、同胞意識（執行機能）を育てる。いずれの場合も、母親の共感的対応が重要であり、早期発達障害、人格障害も修復可能であるとした。成長の過程でつまずくと、自己愛性人格障害の傾向をもつようになるが、再教育によって修復可能という。

対人コミュニケーション改善の観点からは、以下の様な療法が有効であろう。

六、ロールプレイング、SSTなど

ロールプレイング（Role playing）

モレノの創始した心理劇（psychodrama、Moreno, J.L. 一九〇〇年初め）から派生した役割学習の方法である。ウォーミングアップ、アクション、シェアリングなどの展開がある。

技法としては、以下のようなものがある。

役割演技（role playing）を用いて人生の諸相を劇の中で即興的に体験させることで、問題の発見、洞察、対処について学ぶ。今ここで（here & now）、自発的に、自然で躍動的に（spontaneous）演技することを求められる。具体的技法としては、自分の相反する側面を映し出す「二重自我」、本来の役割を交替して演じる「役割交換」、舞台の上で一人で告白的に物語る「独白」などがある。効用としては、行動化により心のわだかまりを吐き出す「アクティングアウト」の促進により、演者のカタルシス（心のモヤモヤを掃除する）を重視する。この心理劇の中から、ロールプレイング role playing の部分が、病院、矯正施設、社員教育などの様々な状況で独立的に用いられている。現代の若者は、ＲＰＧ（ロールプレイングゲーム）で、ロールプレイを理解している。

ソーシャルスキル・トレーニング（Social Skill Training: SST）

社会生活技能訓練、行動療法の一つで、現在では、精神科病院、矯正施設などで広く用いられている。

ＳＳＴの歴史は、一九五八年の自己主張訓練（ウォルピ）にはじまり、一九六六年の実技リハーサル（ロールプレイ）を経て、社会的学習理論（モデリング）、対人的効果訓練〔ＳＳＴ〕へと発展した。現在精神科病院などでも、社会適応の観点から盛んに実施されている。

アサーション・トレーニング（assertion training）

自己主張訓練。これは、自己主張の苦手な人、上手に自己主張できないで問題を生起する人に用いられる。基本姿勢は、人権尊重であり、技法としては、行動療法、ヒューマニスティック心理療法、論理情動行動療法などを用いる。対象は、対人不安、否定的自己認知で自己表現が困難な者であり、そこでは、自分も相手も大切にする自己表現を学び、また非主張的自己表現と攻撃的な自己表現の矯正を目指す。

七、教育カウンセリング・非行防止プログラムなど

教育カウンセリングも有効な手立てのひとつであろう。

現代に多いとされている、自己愛・強迫型ストーカーについては、むしろ幼少期の教育が予防的な効果を発揮するのではないだろうか。自己中心性は、本来幼児期まで優勢な心性であり、児童期になれば、学校生活とともに子供の世界が広がり、その広い世界の中で自己の位置づけに修正が施されるのが通例である。しかし、現代では、子供は核家族の中で、幼児期までと同様に保護され、自己の相対的位置付けが見失われる。その視点から世界を眺めれば、自己の思い通りになるはずの他者が、自分の期

待に沿わない行為をするという事態は、およそあってはならないことなのである。子供はいつか、人間関係が必ずしも（というよりは多くの場合）自分の思い通りになるものではないということを、学ばなければならないが、親子の境界のあいまい化、友人関係の希薄化などから、人間関係の何らかの摩擦に伴う痛みを伴って学ぶ機会が減少している。バブルの中で、金銭的・物質的充足を追い求め、享受してきた親世代は、人間関係において教えるべき哲学を見失ってしまった。人の中で人が生きるときに必要な人生における基本哲学は、愛であろう。その愛が、手前勝手に解釈され、歪められたとき、自己愛・強迫型ストーカーが誕生するのではないだろうか。

望ましい大人像を構築するのにコミュニケーション教育上重要なこととして、現代日本の対話の喪失を問題にして、以下のような提案がなされている。

対話の復活に向けて（中島義道『対話のない社会―思いやりと優しさが圧殺するもの』）

㈠　弱者の声を押しつぶすのではなく、耳を澄まして忍耐強くその声を聞く努力

㈡　漠然とした「空気」に支配されて徹底的に責任を回避する社会ではなく、あくまで自己決定し、自己責任をとる社会

㈢　相手に勝とうとして言葉を駆使するのではなく、真実を知ろうとして言葉を駆使する社会

㈣　「思いやり」とか「優しさ」という美名のもとに相手を傷つけないように配慮して言葉をグイと呑み込む社会ではなく、言葉を尽くして相手と対立し最終的には潔く責任を引き受ける社会

㈤　対立を避けるのではなく、何よりも対立を大切にし、そこから新しい発展を求めてゆく社会

㈥　他者を消し去るのではなく、他者の異質性を尊重する社会

少年犯罪防止プログラム

また、反社会性人格障害を意識した少年犯罪防止のためのプログラムにも期待がもてる。

米国で実施されている少年犯罪防止プログラムを若い世代に適用し、将来の反社会性人格障害を予防する試みである。

例えば、コンコード警察のギャング犯罪防止専門家のフェルナンデス氏は、「ライ

フスキル・セミナー」プログラムを考案した。そこでは、週1時間で7週間のコースを小中学生に提供している。そのセミナーの中では、例えば、自分の弱点などについて絵を描かせて、あとで皆で議論するなどの様々な方法で、子供達に、respect（尊重・尊敬）、patience（忍耐力）、effort（努力）、perseverance（我慢）、problem solving（問題解決能力）、responsibility（責任感）、organization（組織力）、cooperation（協調性）、curiosity（好奇心）、initiative（率先力）、flexibility（柔軟性）、integrity（誠実さ）、caring（思いやり）、friendship（友情）、sense of humor（ユーモアのセンス）、commonsense（常識）を教える。また、怒りを抑制すれば少年犯罪は減少するという仮説のもと、「怒りを抑制する方法セミナー」を、中学生、高校生を対象に開催している。そこでは、「怒りを抑えるための十か条」として、①怒りの原因となりそうなものを紙に書いて、それを避ける　②自分の気持ちについて人と話し合い、何が自分をいら立たせているのかはっきりさせる　③腹が立った時はいすに座って十を数え深呼吸する　④誰かを殴りたくなったら、枕をたたいたり、外を走ったり、腕立て伏せをしてエネルギーを発散させる　⑤もし怒って人を傷つけてしまったら、できるだけ早く謝罪する　⑥怒る代わりにビーチや山など楽しい場所について考える　⑦「怒って叫んだり殴っても何の役にも立たない。その代わり冷静に話せば問題を解決できる」と自分に言い聞かせる ⑧毎日人を助け、人の役に立つよう努める。そうすれば時に怒っても、周囲の人は自分の良い点を覚えていてくれる ⑨自分が理想とする人のことを考え、それに近づくように努力する ⑩自分の怒りをなだめてくれる人を探す…などが挙げられている。

また、その他の対策として、「子どもを犯罪者にさせないための大人の役割」を明らかにする必要がある。子どもの悪くなる理由には、幼児・児童虐待、両親の関係不良、コミュニケーション不足、友人が悪いなどがある。よって、子どもを悪くしないためには、①ルールを教える ②きちんと叱る、やさしくするときと厳しくするときを使い分ける ③子どもの言い分をよく聞く ④親の考えを理由付で明確に示す ⑤夫婦間の意見の一致を計る ⑥子どもの嘘を見ぬく ⑦大人が子どもに見本を示す ⑧子どもに信頼される態度をとるなどが挙げられている。

また、少年犯罪における再発防止策として、「ティーンコート」がある。これは、厳罰主義とは対極にある考え方である。十代の青少年が、検察官、弁護士（以上は教育訓練を受ける）、法廷看守、陪審員、時に判事を務めるもので、一九八三年に開始され、九五年現在二五州一九〇地域で実施され、九九年には、四六州六三〇地域に広がった。これは、軽犯罪で逮捕された場合の選択肢であり、少年審判所（記録が残る）行きかティーンコート（公開、より重い処分、しかし犯罪記録は残らない）行きかの振り分けは、地域により異なる。ティーンコートは実際の地裁法廷で行われ、判事は通常ボランティアの大人（法科大学院生、短大講師など）が務め、陪審員の多くは、以前ティーンコートで裁かれ陪審義務を負った者が務める。罰則は、社会奉仕作業、陪審義務、被害者への謝罪、コンフリクト解消セミナーの受講義務などである。その効果についての統計では、再発率の低下が示されている。

さらには、「スクールポリス」制度がある。職務内容は、暴力取り締まり、カウンセリング（相談相手）、法律の講義などである。一九五〇年代に導入されたが、初めは反対が強かったが、一九七〇年代に急増し、今では四〇州以上に広がった。巡回パトロール制、常駐制がある。全米スクールポリス協会（ＮＡＳＲＯ）で専門的訓練を受けた警官が任務に当たる。

また、少年犯罪の原因の一つと考えられている不登校対策としては、多様な形態の学校が用意されている。それは、オータナティヴ教育と呼ばれ、学力向上よりも学ぶ楽しさを優先したカリキュラムが提供されている。①不登校・中退者対象の学習センターでは、学習、ボランティア、文化講座、コミュニティカレッジ受講、小人数、密なコミュニケーションなどが企画されている　②インディペンデントスタディでは、個人学習として、自宅で好きなときに勉強し、週1回、先生のチェックを受ける　③チャータースクールは、自治学校で、ユニークなアイデアのある人に助成金を出し学校運営をさせる。これは、一九九二年に発足し、カリキュラムもテキストも自由である　④ホームスクールは、約一五〇万人が参加しており、その内容は多様である。Eメール指導で、家庭学習をする。一年に一回カリキュラムと学習時間のチェックを教育委員会が実施する。通学課程の生徒と比して学力は劣らないという調査結果が出ている。また、コミュニケーション、ソーシャルスキル能力も通学課程の生徒に劣らない。むしろポジティブな自己認識をもち、独立心、学習意欲が強いという　⑤その他、普通の高校にオータナティヴプログラムがある場合もある。例えば、十代の妊娠と母親のためのクラス、ヴィジュアルアートのクラス、建築デザインクラスなどである。

ストーカーには様々な疾病背景があり、よって治療法も多岐に渡る。執着を絶つという意味では、東洋思想を取り入れた治療法が注目される。

第五章

ストーカー・カウンセリングの今後

第一節　ストーカー治療システムの整備

一、カウンセリングにおけるシステムの構築

ストーカーのカウンセリングにおいて、システム上の治療連携も大切なものである。ストーカー行為には、さまざまな疾病に起因する群と社会化の未熟とも呼べる群が存在する。

まず、精神疾患の疑われる加害者の場合、その治療への導入はそれだけで有効な対策となる。疾病の種類によって治療効果に相違はあるものの、医療場面につなげることは重要である。欧米などでは、司法にかかる精神障害者の治療には、専門の司法クリニック、問題別の専門医などの制度があるが、日本では、医療刑務所、医療少年院などはごくわずかに存在するものの、絶対数が不足し、また制度としても利用できにくいものになっている。このような司法医療システムの不備を改善する取り組みが望まれる。

臨床においても、前述の弁証法的行動療法にみられるように、システム整備をして

チームで取り組むという方策が多く提唱されている。多くの目で複眼的に事例を検討し、負担を分け合い、常に患者の要求に応えられる制度を構築することは重要であるが、同時に財政的負荷が大きい。

二、システム上のストーカー対策

現在、米国などでは、ストーカー犯罪に対して、総合的対策の必要が議論され、法的強制力の見直しをはじめとした、法律、医療、精神保健の専門家などによる多面的アプローチが企図され、また期待されている。研究者の中には、反ストーキング・トレーニング評価プロトコール（実施計画）（The Anti-Stalking Training Evaluation Protocol: ASTEP）を開発し、被害者に接するスタッフが、ストーカーの種類やストーキングの種類に関する情報や、被害者が利用できる法的な選択肢に関する情報を効果的に提供できるような体系的なトレーニングに関する研究を行っている（Harmon ら二〇〇四）。

また他にも、問題指向型のモデル構築によって、ストーキングによる暴力のリスク・ファクターと予測可能性を推進する研究もある（Rosenfeld B, Lewis C.二〇〇五）。筆者らはかつて、ロジスティック回帰分析、判別分析を用いて、精神障害犯罪者の責任能力の予測可能性について検討したが、日本ではそのような数量的研究はなかなか受け入れられず、現在ようやく、理論モデルケースの疾病および責任能力に関する評価を多数の精神科医にアンケート調査し、それを単純統計から解析するという初歩的段階に入ったところである。

そして、以上と併行して、教育の見直しによる予防的観点の導入も長期的にはかなりの効果があると考えられる。

現在統合失調症などにおける妄想、幻覚といった陽性症状に効果を発揮する薬物は次々に開発されており、入院期間の短縮、症状の軽快化に寄与している。一方で、うつ病治療や不安障害、強迫性障害などに対してＳＳＲＩ以後、セロトニンを中心とした新しい世代の向精神薬が登場し、副作用の少ない、また症状の抑制のみでなく性格の背景にある個人的反応性にも作用し得る新薬開発への期待が高まっている。これによって、治療困難例や長期の治療を要する事例の多い人格障害群、神経症群などの効果的治療が推進される可能性が示唆されている。

また、各問題に即応した専門スタッフの計画的養成によって、より問題志向的、全人的アプローチが可能となる。総合的かつ専門性の高い医療が提供できる医療環境を整備する必要がある。医師、看護師、カウンセラー、ソーシャルワーカーなどの各職種の連携、相互理解、職域・責任の明確化によって、より明確で、効力のある制度の構築が可能となろう。それによって、当該患者にもっとも相応しい治療システムへの早急の導入が可能となる。

米国ではすでに、司法精神医学クリニックにおいて、反ストーキング法やその他のストーキング関連知識に関するトレーニングの必要が検討され、治療スタッフのトレーニングだけでなく、被害者サービス関係者、法律関係者、一般市民にもその必要の検討が拡大されている（Harmon RB ら　二〇〇四）。

第二節　自然環境療法

太古より、人間は台風、洪水、旱魃、地震などの自然の脅威にさらされ、多くの命を失いながら生きてきた。しかし、道具を作り出し、技術として進歩させ、また文字を発明し、知識を蓄積することにより、自然に翻弄される存在から、自然を支配し、統御する者としての側面を発展させた。洪水などにはダムの開発などの治水事業、農耕には旱魃に強い農作物の開発など、自然災害から自らを守るために様々な知識技術を発展させた。そのうち、人間はその知識・技術力を過信して、また自己利益ばかりを追求して、地球に生きる生物としてはバランスを失った。自然の乱開発による野生動植物の絶滅、大気汚染、オゾン層の破壊、水質汚染、地球規模の砂漠化、環境ホルモン、有害食品混入物など多くの問題が出現することとなった。自然との共生者としての人間存在を忘れてしまった。

今日では、人間は自然と対等というよりも、自然の中で生かされる存在として、その一部を構成する者としての謙虚な存在のあり方が必要であると認識されるようになってきた。人間としての「分を知る（分相応）」ことが大切なのである。地球を一個の生命体として捉えた「ガイア思想」によれば、その中で生きる人間の自然破壊は、人類の進歩の指標というよりは、自らの存在を危うくするものである。その視点に立てば、人間によって失われた自然の一日も早い回復が望まれる。

以上、生命を脅かすもの、心に傷を刻むものを支配・統御することにより、精神保健上は安心感が得られるようになったが、それが行き過ぎてしまったとき、乱開発による自然破壊、地球環境の危機が出現し、新たな危惧として人間の心身に有害な影響を与え始めている。生命を育むもの、心を癒すものとしての自然の存在意義は、それが失われれば失われるほどに大きなものとして我々に訴えかける。

数十年前より、都会生活の不健康さに気付き始めた人々は、Ｕターン（地方出身者が都会を離れ、地方に帰る）、Ｉターン（都会出身者が地方に移り住む）をして、自然の豊かな地域に移り住むようになった。都市生活における夜勤、深夜営業などの生活時間のズレは、自然の生活リズムの希薄化を伴い、人々の心身の調和を乱す。

生命の保存に自然が必要なものであることは自明のことであり、映画などに見られる未来社会の形態は、決して望ましい社会とは言えない。ここで我々は、大規模な自然への回帰を真摯に考える必要があるだろう。自然の回復と都市生活への自然の取り入れについて、またこのまま自然破壊が進行した場合、人工都市に生きる可能性について、そのときに我々の身体的健康だけでなく、精神的健康も保持され得るのか、多面的に検討する必要がある。

現在明らかになっている自然の効用としては、「浄化と癒し」に関わるもので、排気ガスなど物理的環境の浄化に森林植物が寄与している。また、滝や海岸線におけるマイナスイオンの影響、森林、土壌による水系の浄化などその恩恵ははかり知れない。それらを、居住場所（Ｉターン、Ｕターン）、あるいは遊び場として（登山、キャンプ、自然観察など）、あるいは都市生活に導入して（家庭園芸、動植物園、室内観葉植物、屋上緑化、自然と共生した都市計画など）、失われた緑を回復する試みが全国規模でなされなければ、その再生は覚束ない。

精神保健のための自然療法としては、森林浴、水浴を始めとして、漢方、アロマセラピー、アニマル・アシスティッド・セラピー（Animal Assisted Therapy: AAT）、ホメオパシーなど、代替医療、補完医療といわれる医療分野に期待がもたれている。アニマル・アシスティッド・セラピーでは、犬・猫、イルカ、馬、爬虫類、魚類、牛・羊・豚など多様な動物が活躍している。

私たちは、今こそ、自然の精神保健上の意味を再認識して、ガイアに生きるものとしての自覚をもつ必要がある。その目的の一端にストーカー治療がある。

自然との共生ということでいえば、自然のリズムで生きることの必要を自覚し、生物としての人間に気づくことが重要である。動植物と共に生きるのであり、人間は万物の支配者ではない。その意味で、他の存在への配慮が必要であり、他の生命が癒し、喜びをもたらしてくれることも忘れてはならない。その脈絡では、アニマル療法においても、自然の中に生きる仲間による癒し、ただ癒されるのではなく、共に生きる（共生）という視点が重要である。動物は、人間を癒すために存在しているわけではないということを知る必要がある。

自然農法と感覚の回復

ここでは、農業の有効性について述べてみたい。それに関係する心理療法としては、園芸療法、作業療法などがあるが、これとの大きな違いは生産性がいくらかでも問題になるということである。家庭菜園など小規模な園芸を経験している人は多い。家庭菜園をして意外に感じることは、かなりの怠け者でも、毎日のように草取りをし、植物の成長を楽しみにできるということである。作業時には、温もりのある静かな喜びが、身体の中から込み上げてくるのを感じるとの報告がよく聞かれる。

現在は、有機農法、自然農法で生産された栄養価の高い農作物が市場では望まれ、高値がついているが、食の安全と食料の他国依存からの脱却は、同時に健全な国民の育成にも有効な手段となり得る。その担い手として、健康な老人と若者を活用することは、労働力、および療法の効果を得る上で一石二鳥である。身体を使い、土と親しみながら生物としての自身の感触を楽しみながら、他者の食に貢献する喜びを体験することはよい経験となろう。大量生産ではないので、あくせく働くこともなく、それでつつましくも生計を立てられるようになるまでは、国の支援を得るのもよい方法である。それをシステム化して、次々に農業従事者を輩出してゆく。それによって日本人の失われた感覚が取り戻され、世界に誇れる感性と繊細な世界覚知から生み出される新たな固有の文化に出会える可能性もあるだろう。

現在、化学物質過敏症が広がりを見せ、報道によると、日本でも70万人が苦しんでいるといわれている。花粉症、食物アレルギーなどアレルギー性疾患の増加にも目を見張るものがあり、これは、脳の望む社会変革に対して身体が拒絶反応を示しているということではないかとさえ思われる。電磁波過敏症についても、これまでの研究は多くは否定的な結果を示し、日本ではこの種の研究には低い評価がなされ勝ちであるが、動物実験の限界、暴露量の多寡、被験者の感受性の相異と頻度などを考慮した実験条件の厳密なコントロールとデータの蓄積をまってその存否が議論されなければならない。昔、炭鉱従事者は、酸素欠乏を早期に知るためにカナリアを鳥かごに入れて坑道深く入っていったという。過敏症というのは、一部の特異体質者の示す症状というだけではなく、閾値を超えれば、全ての人に有害となる物質への脆弱性を身をもって示してくれているカナリアの役割をになっている症状である可能性もなしとしない。VDT症候群を初めとした電磁波研究は、安易に個人の精神的脆弱性に還元するのではなく、科学的かつ緻密な研究が積み重ねられなければならない分野であると考えている。これらの過敏症が、全ての人類・動物に降りかかってこないことを祈るばかりである。その意味で、北欧や英国におけるような、「疑わしきは予防する」といった対応姿勢は、国民本位のあり方として日本でも学ぶ必要がある。

ストーカーたちが、第一次産業、望むらくは自然農業、有機農業に従事して、人間としての感覚を取り戻し、持ち前の行動力と緻密な計画性を発揮して、地球とそこに生きる全ての仲間達の存続に寄与することを期待する。

第三節　ホメオパシー

漢方医学が、中国三千年の歴史に支えられた実証医学であるとすると、ホメオパシーは、約二百年前のヨーロッパに起源をもつやや古い歴史を持つ民間医療、実証医療である。

ホメオパシーについて話す前に、現代西洋医療とは異なる、代替補完医療の前提になっているホリスティック医学について簡単に述べておく。

ホリスティック医学

ホリスティック医学という用語は、ギリシア語の「holos」（全体）が語源であり、「whole」（全体）「heal」（治癒）「holy」（聖なる）も同語源である。「health」は、「heal」（癒えた）「th」（状態）のことである。

ホリスティックとは基本的にライフスタイルの問題である。自分らしく伸び伸びと生きていくことである。その意味合いからは、医療というのも、病に中にあっても、これまで通りに自分らしく生きることを可能にしてくれるものであり、健康と病気の間には、境界はないと考える。

健康とは、消極的な意味では、「病気でない状態」、「検査結果が正常値の範囲内である」状態であるが、積極的定義では、「精神・身体・環境が調和し、所与の条件において最高のＱＯＬ（Quality of Life：生活の質）を得ている状態」である（帯津良一）。

ホリスティック医学の方針としては、以下のようなものがある。それでその概要が理解できるだろう。

①ホリスティック（全的）な健康観に立脚する。人間を「身体・心・気・霊性」等の有機的統合体ととらえ、社会・自然・宇宙との調和に基づく包括的、全体的な健康観に立脚する

②自然治癒力を癒しの原点におく。生命が本来自らのものとしてもっている「自然治癒力」を癒しの原点におき、この自然治癒力を高め、増強することを治療の基本とする

③患者が自ら癒し、治療者は援助する。病気を癒す中心は患者であり、治療者はあ

くまでも援助者である。治療よりも養生が、他者療法よりも自己療法が基本であり、ライフスタイルを改善して患者自身が「自ら癒す」姿勢が治療の基本となる

④様々な治療法を総合的に組み合わせる。西洋医学の利点を生かしながら、日本を始め、中国、インドなど、各国の伝統医学、心理療法、自然療法、栄養療法、食事療法、運動療法、民間療法などの種々の療法を総合的、体系的に組み合わせて、最も適切な治療を行う

⑤病への気づきから自己実現へ。病気を自分への「警告」ととらへ、人生のプロセスの中で、病気をたえず「気づき」の契機として、より高い自己成長・自己実現をめざしていく

ホメオパシーの原則

以下に、漢方と比較したホメオパシーの一側面を自身の研究から一部掲載する。

ホメオパシーは、二百年ほど前に、ドイツの医師サミュエル・ハーネマン Samuel Hahnemann（一七五五－一八四三年）によって始められた実証的代替医療のひとつで、ヨーロッパ各地で日常的に使用されている医療である。英国では、医学の一分科とし

て位置付けられており、ホメオパシー専門病院がグラスゴーにある。

　ホメオパシー（Homeopathy）の語源は、homoios; like と pathos; suffering という言葉の組み合わせで、同様の症状を起こすということを意味し、現代医学の医薬品における「異種療法（アロパシー）」に対して、「同種療法」を指す。ハーネマンは、当時マラリアの治療薬として知られていた、キナを服用するとマラリアの症状と同様の症状が出現することを自分の身体で実証した。そこから他の物質についても探索を進め、体系的治療法を確立した。

　その基本原理は、①同種療法（like cures like）と②最小投与（minimum effective dose）である。①は、健康な人に与えたときに出現する症状で苦しんでいる患者に、一定の製法で作られたレメディ（remedy；薬）を投与して治療する類似原則（similar principle）に立った治療法をいう。②は、最少量のレメディで効果的な投与を行うということである。

　三千種以上あるレメディは、多くは植物からなり、その他に、鉱物、動物など自然界に存在する様々なものから作られている。レメディは、人間の自然治癒力に働きかけ、回復に向けて刺激を与える。また、レメディは、精製の過程で、攪拌と希釈を繰り返し、理論的には原料となった植物や鉱物、動物の分子が1つも存在しない位に希釈される。その意味で、量的な反応ではなく、自然治癒力に刺激をあたえる何らかの質的な反応を身体に引き起こし、治癒をもたらすと考えられており、精製の過程で、原材料の情報が水の分子構造に作用するという仮説も存在し、ヒーリング処理を受けた水の赤外線スペクトル分析では、「水分子の結合角が正常と比べて若干変化している…（中略）…分子構造が微妙に変化したために、水分子間の水素結合はやや減弱し…（中略）…表面張力も弱くなっていた…」という研究結果が報告されている。

ホメオパシーの診療でも、西洋医学同様、問診、診察、諸検査、場合によって精査、診断と鑑別診断を行う。それらに加えて、患者の特徴、症状から患者特有な症状・特徴に焦点をあて、精神面（心理面）・身体面（全体・局所）と包括的に患者をみる。患者個々の活動状況のあり方と、同じ様な特徴を持つレメディを採用して治療を行う。

現在、英国王室では、専属のホメオパシー医がおり、ヨーロッパ各地では、レメディはほとんどの国で医薬品として認可されているが、ホメオパシーを行う治療者には、フランス、オーストリア、ハンガリー、ロシアなど医師のみが行う国と、法的な規制のない国や、また独自の形態を取っている国がある。英国、ドイツでは、代替医療に対しても大幅に保険適用がなされており、ホメオパシーもその対象となっている。現在、ホメオパシーの利用率はベルギーで56％、フランス32％、オランダ31％、デンマーク28％、イギリス16％、アメリカ3％となっている。アメリカでは、一時高い利用率を示したが、医学団体の排斥運動に会い、その勢力を減衰させている。また、専門家の間でも関心が高まっており、スコットランドの家庭医の約20％がホメオパシーの基礎研修を修了している。

五九カ国が参加する国際的なガイドラインでは、治療について以下の様に宣言している。

①　ホメオパシーはDr.Samuel Hahnemanによって体系づけられた医療である
②　ホメオパシーはホメオパシー医によって行われる
③　ホメオパシー医は、医師の（国家）資格を持つものである
④　ホメオパシー医は少なくとも三年以上ホメオパシーを学ぶ必要がある
⑤　ホメオパシーの診療は従来の治療と同様のプロセスに加え患者の個別的な問題を扱う

⑥　ホメオパス（ホメオパシー治療者）は、医師として個々の臨床に適した治療を選択していく

⑦　ホメオパシー医は、治療者として臨床検査、専門医への紹介、入院などに関して適切な処置を取る必要がある

⑧　レメディはホメオパシー薬局方に従った厳しい基準を満たした専門のホメオパシー製薬会社によって製造されたものである

⑨　レメディは薬剤師の責任のもとで販売、あるいはホメオパシー医が処方する

証拠に基づく医学 Evidence based Medicine（以下ＥＢＭ）としてのホメオパシー

従来の薬物療法の原則である濃度依存的効果の思考になれた我々には、ホメオパシーは手品のように見えるかもしれない。事実、ホメオパシーの論文が一九八〇年代に世界有数の医学雑誌 Lancet に投稿された時、その真偽を査定するのに、医学者と共に奇術師も動員されたことがある。しかし、その手品の種は見付けられなかった。種などはないのである。あるのは謙虚に患者と対峙するホメオパス（ホメオパシー医）と豊富なレメディだけである。

これまでに、メッドライン med-line 検索によって検出された科学雑誌掲載のホメオパシー論文は、三百余りを数えている。ホメオパシー研究は、一九五〇年頃から科学研究がなされ、一九八〇年代からは、科学的研究に必須とされるランダム化、二重盲検法を用い、プラシーボ群を統制群として多くの研究がなされている。例えば、一九九四年には、喘息患者の免疫療法において追試が行われ、ランダム化、二重盲検法を用いて、メタ分析したところ、プラシーボよりも高い水準で有意に効果があった。また、ランダム化、二重盲検法を用いて、アレルギー性鼻炎の患者五〇人にホメオパシー治療を施行したところ、高い有意水準で、プラシーボ群よりも改善がみられた。これらの研究が発表されると、それに対して活発なコメントの応酬がなされている。

臨床比較研究の蓄積も重要であるが、臨床研究の基本は事例研究である。日本の臨床場面でも効果に関する測定尺度を整備する努力が行われ、難治性アトピー性皮膚炎への適用例が報告され始めている。今後は日本でも、事例研究による臨床効果の蓄積とともに、科学的手続きに則った臨床研究の蓄積がまたれる。

また、ＥＢＭとしてのホメオパシーを発展させるためのもうひとつの方策は、効果の説明理論を確立することである。ホメオパシーの効果を説明する理論は、現在までのところ、決定的なものはない。最も分り易いのは、ハーネマンが、生命力の反作用と呼んだ仮説、免疫賦活説である。これは、症状親和的な物質の少量投与による免疫系の賦活化であり、予防接種などでみられる考えである。しかし、それも、ホメオパシーにおいては、科学的に説明するには、濃度が余りに低過ぎる。用量依存では説明できないホメオパシーの効果を理解するためには、従来の説明原理を超えた説明理論が必要とされている。その有力なひとつは、現在波動医学として知られるものである。波動医学では、アインシュタインがE＝ｍｃ^{2}で示したように、「物質」と「エネルギー」は同一のものの二元的表現であるという考えに基づいている。つまり、生命の場に作用する系は2つあり、ひとつは近代医学の基礎にある身体細胞系における物質の作用であり、もうひとつは、複雑に制御されたエネルギー場としての存在である。生体では、その二つの系がダイナミックに作用しあっており、その意味で生命体は、多次元的組織体であるという。近代医学との対比でいえば、「アロパシー医学（通常医学）の薬物動態的なアプローチでは、…細胞膜における用量依存性の薬物－レセプター結合率に代表されるような、分子レベルのニュートン力学的相互作用にもとづいている。ホメオパシーでは、微細なエネルギー場の相互作用を通じて、治療による生理学的変化をもたらす微量の薬物が用いられる。…薬物のエネルギー的特質はまず、水のような溶媒にうつされ、それから中性の乳糖の錠剤にうつされる。ホメオパシーでは、必要な周波数の微細エネルギーを患者の身体に供給し、…薬物の周波数が患者の病状にあえば、共鳴によるエネルギーの移動がおこって…新たな健康の平衡状態へと移行する。」としている。薬物の周波数と患者の必要とする周波数を合わせるこの方法は「エネルギー周波数マッチング法」とよばれている。また、希釈に使用されている「水」の特異的な性質の観点から、レメディ効果の濃度による弛張性を探索することも興味深い。科学的実証のさきがけとして有名なホメオパシー論文では、その濃度の推移によって、効果に波状の上下動が見られた。これは、ある物理学者によると水の性質のひとつとパラレルな変化を示しているということだが、さらなる研究がまたれるところである。

物語に基づく医学 Narrative based medicine としてのホメオパシー

ホメオパシーの効果が、プラシーボ効果と疑われるのは、その対患者態度の従来医学とは違ったあり方によるところが大きいと考えられる。ホメオパシーでは、患者の症状だけではなく、患者の性格や生き方、ライフイベントの状況などを詳細に問診するという全人的アプローチを常とする。

レメディ像は、その原材料となった物質の性質・生長環境、気候なども考慮しながら、それと似通った状況にある現実の患者との類似性に注目した処方の考え方である。もちろんプルービング（proving…健康な人にレメディを投与し、そこから得られた症状からそのレメディの投与対象の症状を検索すること。ある意味で非常に実証的な手法である）により得られた症状から処方戦略を立てる。患者の症状や性質・症状の態様から該当するレメディを詳しく記載した「レパートリー」という分厚い処方マニュアルもホメオパスには欠かせない。

ホリスティック医学としてのホメオパシーは、患者の詳細で正確なデータを得るために、診察に時間をかける。投薬後の変化についても、詳細に質問し、次の方策を考えるという点で、患者の物語を注意深く傾聴しながら全体的に理解するという意味で患者本意の医療なのである。

漢方薬との共通点と相違点

漢方医学は、現在世界でも認知度がかなり高くなっており、代替・補完医療分野でも優位を占めている。漢方薬は、日本でも普及しており、エキス製剤が医療保険に組み込まれると、医療現場でも一気に拡大した。現在では、従来の西洋医学を標榜する病院・クリニックでも処方薬のひとつとして、多くの医師が特に慢性疾患に対して処方している。漢方は中国三千年の歴史の中で、その効果を実証的に積み重ねてきた医療である。ホメオパシーにおけるプルービングは、健康な人に投与し、その出現する症状を観察するという点では異なるが、実際に投与した結果を詳細に観察する実証に基づく医療であるという点では共通性がある。西洋薬は、身体の機序に関する知識に基づいて、理論的に一部の機序に働きかける成分を化学的に合成し、投与する。その意味で、分析的、分解的な手法である。

また、漢方薬とホメオパシーのレメディは、この世界に自然に存在するハーブや動植物を用いる点で類似性がある。一方西洋薬は、多くの場合、化学的人工的に自然界にはそのままには存在しない成分を合成することが多い。漢方薬の場合、その上、原材料のブレンド、つまり複合処方が行われているのが通例であり、その成分は多岐にわたる。それが、効果のマイルド化と副作用の減少をもたらしていると考えられる。漢方製剤の中でも、構成成分が比較的少ないものは効果もシャープな場合が多い。西洋薬の場合は、効果は用量依存的に明瞭に増減する。降圧剤を例にとった実験では、西洋薬の場合、降圧剤の投与量を増加すると、生体の生命維持の危険にもかかわらず、血圧は下がり続けるが、漢方薬の場合には、生体の許容範囲内では増減が起こるが、多すぎる漢方薬を与えても血圧は正常範囲を超えてそれ以上下がることはないという臨床実験の結果が出ている。

ホメオパシーの場合にも、レメディの数ではなく、ポテンシー（potency；力価、希釈濃度が高いほどポテンシーが高い）や投与頻度で調整するが、元々用量依存ではないので、同じポテンシーのものを一度に多くを与えても余り意味がない。

よって、西洋薬では、意図した作用以外の期待しない作用である副作用は、必然ともいえる頻度で生起するが、漢方薬では実証的にその副作用を押さえるべく、相殺効果を意図して一つの漢方処方に多成分が含まれているため、多くの副作用は生起を免れている。しかし近年、西洋薬との併用が頻度を増し、インターフェロンなどとの併用で重篤な副作用が報告されるようになった（柴胡剤と間質性肺炎など）。数千年の漢方の歴史にはない合成成分との併用がもたらした禍である。ホメオパシーの場合の副作用として捉えられるのは、ひとつにはレメディが適合していない場合に、意図せずプルービングがおこる可能性があるということである。これは、2、3週間の時間経過の中で治まるとされている。もうひとつは、漢方における「瞑眩」に似た、一過的な症状の増悪「好転反応」である。これは、子供などに生じ易いとされているが、生起した場合この後に顕著な改善がみられるとされている。

ホメオパシーのレメディの場合、国によって、原材料をひとつに絞る単独処方を主とする一派、多種のレメディを混合して用いる混合処方を主とする一派など相違がある。英国では1種類主義、仏独では、混合主義が広く行われている。また、ホメオパスによっても用い方に相違があり、所与の処方では、一回だけと決めている一回主義の者もあれば、何回か同じレメディをポテンシーや投薬頻度を変えながら処方する者もいる。日本ホメオパシー医学会では後者の方が推奨されている。何れにしても、効果が得られなければ、次の処方を考える。

複雑なレメディ像

レメディ像には、その原材料の産地、気候などが大きく影響している。その意味で、日本の気候風土にあったレメディというものがあるのではないかという考えには容易に至り得る。現在用いているレメディは、多くは欧米諸国産のものである。ホメオパシーにおいては、人間を全人格的に診るため、背景にある文化的・地域的な特色には敏感である必要がある。現在のわが国ホメオパシー医療をリードする人材は、むしろ文献の殆ど全てが欧米語、主に英語ということもあり、文化的・人間的資質よりも、英語で書かれた文献への精通度が重要視されている。しかし、それでは不足に過ぎると考えられる。今後は日本的文化・霊性・風土の特徴を人間理解に積極的に採り入れる有為な人材の台頭・育成が望まれる。

ここで理解を容易にするために、ホメオパシーの薬草学のテキストであるマテリア・メディカ Materia Medica のひとつ、プリズマ Prisma からレメディ像の例を非常に簡略化したかたちで示す。原著はさらに詳細にわたっている。

ストーカーとの関連からいうと、ストーカーにみられる特性を含むレメディだけでも以下のように多様である。抑うつ、嫉妬、疑い深い Apis、怖れ、ショック、麻痺、

PTSDのOpium、愛情を要求するPhosphorus、被害妄想、笑顔嫌悪のAmbra Grisea、冷酷、憎しみ、現実感欠如のAnacardium、恐怖、強迫、自己中心性のArsenicum Album、幻覚、爆発のBelladonna、躁状態のCannabis Zudica、潔癖、完全主義、予期から病気のCarcinosinum、産褥うつ病、うつ病、統合失調症傾向、更年期うつのCimicifuga、易怒性、難しい人のCina、無感覚、無関心のHelleborus、暴力的、殺人衝動、脅迫的（脅すだけ）怒りのHepar Sulphuris、無動、嫉妬、爆発、偏執狂的、被毒妄想（冷静）PDのHyoscyamus、興奮、殺人衝動、落ち着きない、多弁、まとまりないIodum、疑い、反モラル、神経症傾向のKali Bromatum、活発、傲慢、猜疑、嫉妬 BPD傾向のLachesis、破壊衝動、被害意識のLyssinum、狂気、悪魔への怖れ、強迫、思考途絶、統合失調症傾向のMancinella、現実解離、両極端、自己中心性、暗闇恐怖のMedorrhinum、不安定、閉鎖的、背後から襲われる恐怖、敵対妄想のMercurius、ヒステリー、詐病、反対される妄想、気絶のMoschus、妄想のNaja、妄想、神経過敏、心配、恐怖のNatrum Arsenicosum、妄想、音に過敏なNatrum Carbonicum、防御、恨み、孤独のNatrum Muriaticum、狂信、独立、暴力的、イライラのNux Vomica、臆病、感情的、涙もろい、捨てられ感のPulsatilla、解離、恐怖、強迫、アルコール依存症傾向のSyphilinum、動き回る、コントロール不良、悪の衝動、ひきつけのTarentula Hispania、神経過敏、易変性、暗闇恐怖のValeriana、野心的、傲慢、狂信的なVeratrum Album、騒音・声に過敏、精神的症状、事を投げ出せないZincumなど多くが存在する。

レメディ紹介

【Lachesis】

蛇（サタン）のように賢く、はとのように素直でありなさい（マタイ伝一〇章一六）

〈分類〉Lachesisは、アメリカ大陸最大の毒蛇、マムシ属ブッシュマスターの毒から作られる。

〈生息〉ブッシュマスターは、海抜一八〇〇メートル以上の、湿度の高い熱帯林に生息している。川のそばの原生林の中の落ち葉の上などにおり、夜間に待ち伏せしながら獲物を襲う。飛びかかって毒を注入後すぐにはなれ、あとからゆっくり獲物の後を追う。原生林の奥深く棲み、夜行性なので、人を咬むことは滅多にない。捕獲されると捕食を拒否し衰弱死するため飼育は困難である。

〈構成成分〉その毒は毒性が強く、抗血清も効果がないという。ホスホリパーゼA2、ブラジキニン、アセチルコリン、タンパク質分解酵素、トロンビン様作用のクロターゼなどで、血管拡張、抗凝固作用、赤血球破壊などにより、大量に出血する。毒が静脈に入ると即死する。

（適用）神経系、血液、心血管系、女性生殖器に親和性がある。片頭痛、痙攣、頻脈・不整脈、顔面紅潮、動悸、高血圧、月経前症候群、のどの痛みなど

（心理的動態）動物的本能が強く、知覚が鋭く、自己中心的。相手に対して疑い深く、嫉妬深く、復讐心が強い。意地悪で嫌味を言う、おしゃべり。首を絞めつけるような襟口の狭い服は嫌う。

（部位）左側、左側から右に広がる

（変化）悪化…睡眠後、熱、締め付けと圧迫、首を触られる、アルコール

好転…野外、分泌物の排泄、冷たい飲み物

（主要症状）強烈、競争的、情熱的、大げさ、性欲が強い、多弁で話題が豊富

健康なとき…舌鋒鋭く、ウィットに富む、意志が強い、アイデア豊富

病気のとき…ねたみ、懐疑的、不機嫌、無口、嫉妬深く、依存症、復讐心が強い

（食べ物）
嫌いなもの…パン、温かい食べ物、母乳、タバコ、ワイン
欲するもの…アルコール、牡蠣、ピクルスなど酸っぱい物、レモネード、ミルク、パスタ
悪化…冷たい食べ物、肉、コーヒー、ミルク、サラダ
改善…コーヒー、果物
必ずしも全てに該当する訳ではなく、特殊（specific）でまれ（rare）で奇妙（peculiar）な点に注目する。

以上はホメオパシーの一般論であるが、ストーカーに効果のあるレメディとしては、各種疾患別とともに、行動力、執着、偏執的といった性格傾向と個々の患者の好転・悪化の要因などを総合的に検討してレメディを決めることになる。
ストーカー加害者は、疾病傾向にも幅があり、一義的なレメディ像は描けない。個人により深く入り込み、洞察を得るには広い人間理解が必須である。そのためにも、本書で紹介した多面的な視点が役立つことを期待する。

おわりに

ストーカーのカウンセリングについて述べてきたが、ストーカーの背後にあるものは、疾病性を始めとして、執着、抑制障害、行動化といった心性であり、それには、現在普及している認知行動療法、弁証法的行動療法に期待が寄せられている。東洋思想と、システム論などの西洋的療法との統合が有用であることが分かってきた。東洋思想と西洋の出会いは、実はもう40年前からトランスパーソナル心理療法として結実しており、現代では、それにシステム論が加わって、より構造的・普遍的方法として発展してきている。そして、今後はその普及が期待されるが、一方で、精神分析療法のような個別性のある深層に迫る心理療法も有用であり、その人格的成長を促すという点では、システム論に勝る利点を持ち、治療者の人間性に触れながらクライエントと治療者がともに育つ技も捨てがたい。

本書は、本来の締め切りを大幅に遅れたが、従来の疾病治療に加えて、ストーカー治療に有効な療法の全体像を把握するのに、多少の時間を要した。そのポイントは、禅宗でいう「莫妄想」、「放下著」であろうか。

本書に引用された事例をはじめ、日常の臨床事例からは多くのことを学ばせていただいている。ここに深い感謝の意を表したいと思います。

また、小田晋先生には、臨床精神医学の初歩から、司法精神医学、精神病理学、心理検査法、社会学、その他の多岐にわたる領域の示唆に富むご助言をいただきました。黙々と人の数倍の仕事をこなされるその背中を見ながら、また、落語の語り口の様なお話の中から学ぶことの多い日々であったことを感謝します。患者さんに対してはもとより、他者に対して、弟子に対しても謙虚で誠実な小田先生を師としなければ、本書の刊行はできなかったと思います。

さらには、代替医療分野では、帯津三敬病院理事長でホメオパシー医学会会長の帯津良一先生にも、その大肯定の姿勢と高潔な人格で、時代を先取りした代替医療界をリードされ、しかもご多忙な中、若輩者にもご親切にご指導いただき、多くを学ぶことができました。ここに感謝いたします。

最後に、元茨城県精神病院協会長、湯原病院理事長・院長、湯原昭先生にも、その臨床に対する誠実で謙虚な無私の姿勢に学ばせていただくことが多々ありました。ここに感謝の意を表します。

二〇〇九年六月二〇日　　自宅にて

村上千鶴子

引用・参考文献

第一章　ストーカーの定義と歴史

村上千鶴子、小田晋「ストーカー犯罪研究の動向」『犯罪学雑誌』六三（四）：一三三—一三五．一九九七。

村上千鶴子、青島多津子、森田展彰、小田晋「分裂病犯罪者における責任能力の予測可能性」『犯罪学雑誌』六四（三）：七二—八四．一九九八。

第二章　ストーカーの諸相と分類

福島章『ストーカーの心理』ＰＨＰ研究所、東京、一九九七。

Mullen P.E., Pathe, M. & Purcell, R.: Stalkers and their Victims. Cambridge University Press, 2000（詫摩武俊監訳、安岡真訳『ストーカーの心理—治療と問題の解決に向けて』サイエンス社、東京、二〇〇三）

村上千鶴子、小田晋「ストーカー犯罪研究の動向」『犯罪学雑誌』六三(四)：一三三—一三五．一九九七。

第三章　事例研究

平松健一、丹羽真一「性格障害の生物学的基礎をめぐって」『臨床精神医学』一九：一四七一―一四七八、一九九〇

前田重治『図説臨床精神分析学』一九八五

水島恵一「人格障害の心理学的基礎」『臨床精神医学』一九（一〇）：一四七九―一四八三、一九九〇

小田晋『男爵閣下たち（現代人の精神病理）』青土社、一九九二

村上千鶴子「司法精神鑑定と精神保健」小田晋監修『司法精神医学と精神鑑定第一二章』一九九七

第四章　ストーカーの精神病理とカウンセリング

Linehan M. M. (1993). Cognitive-Behavioral Treatment of Borderline Personality Disorder. New York: The Guilford Press.（大野裕監訳『境界性パーソナリティ障害の弁証的行動療法』誠信書房、二〇〇七）。

Linehan M. M. (1993). Skills Training Manual for Treating Borderline Personality Disorder. New York: The Guilford Press.（小野和哉監訳『弁証法的行動療法実践マニュアル』金剛出版、二〇〇七）。

村上千鶴子「ストーカー」『心の病の現在二』新書館、東京、二〇〇六。

鈴木伸一、熊野宏明、板野雄二『認知行動療法』、一九九九。

http://www.geocities.co.jp/Athlete/5706/cbt_text.html
臺弘「生活臨床の提唱とその今日的意義」『臨床精神医学』三八（二）：一二二九－一二三四、二〇〇九。

遊佐安一郎編「DBT－弁証法的行動療法を学ぶ」『こころのりんしょう』二六（四）二〇〇七。

第五章　ストーカー・カウンセリングの今後

Harmon R.B., O'Connor, M., Forcier, A., & Collins, M. The impact of anti-stalking training on front line service providers: using the anti-stalking training evaluation protocol (ASTEP). J.Forensic Sci. 2004 Sep; 49(5): 1050-5.
Basile K.C., Arias, I., Desai, S., & Thompson, M.P. The differential association of inti-

mate partner physical, sexual, psychological, and stalking violence and posttraumatic stress symptoms in a nationally representative sample of women. J.Trauma Stress. 2004 Oct; 17(5): 413-21.

Rosenfeld B., & Lewis C. Assessing violence risk in stalking cases: a regression tree approach. Law Hum Behav. 2005 Jun; & 29(3): 343-57.

Warren L.J. Mackenzie R., Mullen P.E., Ogloff J.R. The problem behavior model: the development of a stalkers clinic and a threateners clinic. Behav Sci Law. 2005 Jun 21; 23(3): 387-397

村上千鶴子「ホメオパシーの日本的展開について」『総合福祉』三号、二〇〇六。

矢部武『少年犯罪と闘うアメリカ』共同通信社、二〇〇〇。

付録

ストーカー行為などの規制などに関する法律

平成一二年一一月二四日施行

（目的）

第一条　この法律は、ストーカー行為を処罰する等ストーカー行為などについて必要な規制を行うとともに、その相手方に対する援助の措置などを定めることにより、個人の身体、自由及び名誉に対する危害の発生を防止し、あわせて国民の生活の安全と平穏に資することを目的とする。

（定義）

第二条　この法律において「つきまとい等」とは、特定の者に対する恋愛感情その他の好意の感情又はそれが満たされなかったことに対する怨恨の感情を充足する目的で、当該特定の者又はその配偶者、直系若しくは同居の親族その他当該特定の者と社会生活において密接な関係を有する者に対し、次の各号のいずれかに掲げる行為をすることをいう。

・つきまとい、待ち伏せし、進路に立ちふさがり、住居、勤務先、学校その他その通常所在する場所（以下「住居等」という）の付近において見張りをし、又は住居などに押し掛けること。
・その行動を監視していると思わせるような事項を告げ、又はその知り得る状態に置くこと。
・面会、交際その他の義務のないことを行うことを要求すること。
・著しく粗野又は乱暴な言動をすること。
・電話をかけて何も告げず、又は拒まれたにもかかわらず、連続して、電話をかけ若しくはファクシミリ装置を用いて送信すること。
・汚物、動物の死体その他の著しく不快又は嫌悪の情を催させるような物を送付し、又はその知り得る状態に置くこと。
・その名誉を害する事項を告げ、又はその知り得る状態に置くこと。
・その性的　羞恥心を害する事項を告げ若しくはその知り得る状態に置き、又はその性的羞恥心を害する文書、図画その他の物を送付し若しくはその知り得る状態に置くこと。

2　この法律において「ストーカー行為」とは、同一の者に対し、つきまとい等（前項第一号から第四号までに掲げる行為については、身体の安全、住居などの平穏若しくは名誉が害され、又は行動の自由が著しく害される不安を覚えさせるような方法により行われる場合に限る）を反復してすることをいう。

（つきまといなどをして不安を覚えさせることの禁止）

第三条　何人も、つきまといなどをして、その相手方に身体の安全、住居などの平穏若しくは名誉が害され、又は行動の自由が著しく害される不安を覚えさせてはならない。

（警告）

第四条　警視総監若しくは都府県警察本部長又は警察署長（以下「警察本部長等」という）は、つきまといなどをされたとして当該つきまといなどに係る警告を求める旨の申出を受けた場合において、当該申出に係る前条の規定に違反する行為があり、かつ、当該行為をした者が更に反復して当該行為をするおそれがあると認めるときは、当該行為をした者に対し、国家公安委員会規則で定めるところにより、更に反復して当該行為をしてはならない旨を警告することができる。

二　一の警察本部長等が前項の規定による警告（以下「警告」という）をした場合に

は、他の警察本部長等は、当該警告を受けた者に対し、当該警告に係る前条の規定に違反する行為について警告又は第六条第一項の規定による命令をすることができない。

三　警察本部長等は、警告をしたときは、速やかに、当該警告の内容及び日時その他当該警告に関する事項で国家公安委員会規則で定めるものを都道府県公安委員会（以下「公安委員会」という）に報告しなければならない。

四　前三項に定めるもののほか、第一項の申出の受理及び警告の実施に関し必要な事項は、国家公安委員会規則で定める。

（禁止命令等）

第五条　公安委員会は、警告を受けた者が当該警告に従わずに当該警告に係る第三条の規定に違反する行為をした場合において、当該行為をした者が更に反復して当該行為をするおそれがあると認めるときは、当該行為をした者に対し、国家公安委員会規則で定めるところにより、次に掲げる事項を命ずることができる。

更に反復して当該行為をしてはならないこと。

更に反復して当該行為が行われることを防止するために必要な事項

二　公安委員会は、前項の規定による命令（以下「禁止命令等」という）をしようとするときは、行政手続法（平成五年法律第八十八号）第十三条第一項の規定による意見陳述のための手続の区分にかかわらず、聴聞を行わなければならない。

三　前二項に定めるもののほか、禁止命令などの実施に関し必要な事項は、国家公安委員会規則で定める。

（仮の命令）

第六条　警察本部長等は、第四条第一項の申出を受けた場合において、当該申出に係る第三条の規定に違反する行為（第二条第一項第一号に掲げる行為に係るものに限る）があり、かつ、当該行為をした者が更に反復して当該行為をするおそれがあると認めるとともに、当該申出をした者の身体の安全、住居などの平穏若しくは名誉が害され、又は行動の自由が著しく害されることを防止するために緊急の必要があると認めるときは、当該行為をした者に対し、行政手続法第十三条第一項の規定にかかわらず、聴聞又は弁明の機会の付与を行わないで、国家公安委員会規則で定めるところにより、更に反復して当該行為をしてはならない旨を命ずることができる。

二　一の警察本部長等が前項の規定による命令（以下「仮の命令」という）をした場

合には、他の警察本部長等は、当該仮の命令を受けた者に対し、当該仮の命令に係る第三条の規定に違反する行為について警告又は仮の命令をすることができない。
三　仮の命令の効力は、仮の命令をした日から起算して十五日とする。
四　警察本部長等は、仮の命令をしたときは、直ちに、当該仮の命令の内容及び日時その他当該仮の命令に関する事項で国家公安委員会規則で定めるものを公安委員会に報告しなければならない。
五　公安委員会は、前項の規定による報告を受けたときは、当該報告に係る仮の命令があった日から起算して十五日以内に、意見の聴取を行わなければならない。
六　行政手続法第三章第二節（第二十八条を除く。）の規定は、公安委員会が前項の規定による意見の聴取（以下「意見の聴取」という）を行う場合について準用する。この場合において、同法第十五条第一項中「聴聞を行うべき期日までに相当な期間をおいて」とあるのは、「速やかに」と読み替えるほか、必要な技術的読替えは、政令で定める。
七　公安委員会は、仮の命令に係る第三条の規定に違反する行為がある場合において、意見の聴取の結果、当該仮の命令が不当でないと認めるときは、行政手続法第十三条第一項の規定及び前条第二項の規定にかかわらず、聴聞を行わないで禁止命令などをすることができる。

八　前項の規定により禁止命令などをしたときは、仮の命令は、その効力を失う。

九　公安委員会は、第七項に規定する場合を除き、意見の聴取を行った後直ちに、仮の命令の効力を失わせなければならない。

一〇　仮の命令を受けた者の所在が不明であるため第六項において準用する行政手続法第十五条第三項の規定により意見の聴取の通知を行った場合の当該仮の命令の効力は、第三項の規定にかかわらず、当該仮の命令に係る意見の聴取の期日までとする。

一一　前各項に定めるもののほか、仮の命令及び意見の聴取の実施に関し必要な事項は、国家公安委員会規則で定める。

（警察本部長などの援助等）

第七条　警察本部長等は、ストーカー行為又は第三条の規定に違反する行為（以下「ストーカー行為等」という）の相手方から当該ストーカー行為などに係る被害を自ら防止するための援助を受けたい旨の申出があり、その申出を相当と認めるときは、当該相手方に対し、当該ストーカー行為などに係る被害を自ら防止するための措置の教示その他国家公安委員会規則で定める必要な援助を行うものとする。

二　警察本部長等は、前項の援助を行うに当たっては、関係行政機関又は関係のある公私の団体と緊密な連携を図るよう努めなければならない。

三　警察本部長等は、第一項に定めるもののほか、ストーカー行為などに係る被害を防止するための措置を講ずるよう努めなければならない。

四　第一項及び第二項に定めるもののほか、第一項の申出の受理及び援助の実施に関し必要な事項は、国家公安委員会規則で定める。

（国、地方公共団体、関係事業者などの支援）

第八条　国及び地方公共団体は、ストーカー行為などの防止に関する啓発及び知識の普及、ストーカー行為などの相手方に対する支援並びにストーカー行為などの防止に関する活動などを行っている民間の自主的な組織活動の支援に努めなければならない。

二　ストーカー行為などに係る役務の提供を行った関係事業者は、当該ストーカー行為などの相手方からの求めに応じて、当該ストーカー行為等が行われることを防止するための措置を講ずることなどに努めるものとする。

三　ストーカー行為等が行われている場合には、当該ストーカー行為等が行われている地域の住民は、当該ストーカー行為などの相手方に対する援助に努めるものとする。

（報告徴収等）

第九条　警察本部長等は、警告又は仮の命令をするために必要があると認めるときは、その必要な限度において、第四条第一項の申出に係る第三条の規定に違反する行為をしたと認められる者その他の関係者に対し、報告若しくは資料の提出を求め、又は警察職員に当該行為をしたと認められる者その他の関係者に質問させることができる。

二　公安委員会は、禁止命令などをするために必要があると認めるときは、その必要な限度において、警告若しくは仮の命令を受けた者その他の関係者に対し、報告若しくは資料の提出を求め、又は警察職員に警告若しくは仮の命令を受けた者その他の関係者に質問させることができる。

（禁止命令などを行う公安委員会等）

第十条　この法律における公安委員会は、禁止命令等並びに第五条第二項の聴聞及び意見の聴取に関しては、当該禁止命令等並びに同項の聴聞及び意見の聴取に係る事案に関する第四条第一項の申出をした者の住所地を管轄する公安委員会とする。

二　この法律における警察本部長等は、警告及び仮の命令に関しては、当該警告又は仮の命令に係る第四条第一項の申出をした者の住所地を管轄する警察本部長等とする。

三　公安委員会は、警告又は仮の命令があった場合において、当該警告又は仮の命令に係る第四条第一項の申出をした者がその住所を当該公安委員会の管轄区域内から他の公安委員会の管轄区域内に移転したときは、速やかに、当該警告又は仮の命令の内容及び日時その他当該警告又は仮の命令に関する事項で国家公安委員会規則で定めるものを当該他の公安委員会に通知しなければならない。ただし、当該警告又は仮の命令に係る事案に関する第五条第二項の聴聞又は意見の聴取を終了している場合は、この限りでない。

四　公安委員会は、前項本文に規定する場合において、同項ただし書の聴聞又は意見の聴取を終了しているときは、当該聴聞又は意見の聴取に係る禁止命令等をすることができるものとし、同項の他の公安委員会は、第一項の規定にかかわらず、当該聴聞又は意見の聴取に係る禁止命令等をすることができないものとする。

五　公安委員会は、前項に規定する場合において、第三項ただし書の聴聞に係る禁止命令等をしないときは、速やかに、同項に規定する事項を同項の他の公安委員会に通知しなければならない。

（方面公安委員会への権限の委任）

第十一条　この法律により道公安委員会の権限に属する事務は、政令で定めるところにより、方面公安委員会に委任することができる。

（方面本部長への権限の委任）

第十二条　この法律により道警察本部長の権限に属する事務は、政令で定めるところにより、方面本部長に行わせることができる。

（罰則）

第十三条　ストーカー行為をした者は、六月以下の懲役又は五十万円以下の罰金に処する。

二　前項の罪は、告訴がなければ公訴を提起することができない。

第十四条　禁止命令等（第五条第一項第一号に係るものに限る。以下同じ）に違反してストーカー行為をした者は、一年以下の懲役又は百万円以下の罰金に処する。

二　前項に規定するもののほか、禁止命令等に違反してつきまとい等をすることにより、ストーカー行為をした者も、同項と同様とする。

第十五条　前条に規定するもののほか、禁止命令等に違反した者は、五十万円以下の罰金に処する。

（適用上の注意）

第十六条　この法律の適用に当たっては、国民の権利を不当に侵害しないように留意し、その本来の目的を逸脱して他の目的のためにこれを濫用するようなことがあってはならない。

附　則

（施行期日）

一　この法律は、公布の日から起算して六月を経過した日から施行する。

（条例との関係）

二　地方公共団体の条例の規定で、この法律で規制する行為を処罰する旨を定めているものの当該行為に係る部分については、この法律の施行と同時に、その効力を失うものとする。

三　前項の規定により条例の規定がその効力を失う場合において、当該地方公共団体が条例で別段の定めをしないときは、その失効前にした違反行為の処罰については、その失効後も、なお従前の例による。

（検討）

四　ストーカー行為等についての規制、その相手方に対する援助等に関する制度については、この法律の施行後五年を目途として、この法律の施行の状況を勘案して検討が加えられ、その結果に基づいて必要な措置が講ぜられるべきものとする。

【著者略歴】

村上　千鶴子（むらかみ　ちづこ）

日本橋学館大学教授。英国ファカルティオブホメオパシー公認ホメオパス（LFHom）。1951年生まれ。1981年国際基督教大学大学院修了。1999年筑波大学大学院医学研究科修了。医師・医学博士。国立児童自立支援施設、クリニック院長、浦和大学を経て、2007年より現職。
（専門）司法精神医学、代替医療、認知精神病理学、病跡学など。

主な著書

「司法精神医学と精神鑑定」（医学書院）「臨床精神医学講座19司法精神医学・精神鑑定」（中山書院）「性と心の教育ハンドブック」（群書）「心の病の現在１」（新書館）「臨床心理学辞典」（八千代出版）など

ストーカー

●――2009年７月25日　初版第１刷発行

著　　者――村上千鶴子
発 行 者――井田洋二
発 行 所――株式会社　**駿河台出版社**
〒101-0062 東京都千代田区神田駿河台３－７
電話03(3291)1676番(代)／FAX03(3291)1675番
振替00190-3-56669
製 版 所――株式会社フォレスト

ISBN978-4-411-04006-0　C0011　¥1900E

《21世紀カウンセリング叢書》
［監修］伊藤隆二・橋口英俊・春日喬・小田晋

キャリアカウンセリング

宮城まり子

近年厳しい経済状況に見舞われている個人、企業、組織はキャリアカウンセラーの支援を切実に求めている。本書はキャリア自身の本格的なサポートをするために書き下された。

本体1700円

実存カウンセリング

永田勝太郎

フランクルにより提唱された実存カウンセリングは人間の精神における人間固有の人間性、責任を伴う自由を行使させ、運命や宿命に抵抗する自由を自覚させ、そこから患者独自の意味を見出させようとするものである。

本体1600円

ADHD（注意欠陥／多動性障害）

町沢　静夫

最近の未成年者の犯罪で注目されているADHDについて、90年代以後の内外の研究成果をもとにADHDとは何かにせまる。そして、この病気にいかに対処するか指針を示してくれる。

本体1600円

芸術カウンセリング

近喰ふじ子

芸術カウンセリングとは言語を中心とした心理療法を基本に芸術（絵画、コラージュ、詩、歌）を介したアプローチをしてゆく心理療法のことである。

本体1600円

産業カウンセリング

石田　邦雄

産業カウンセリングは運動指導・心理相談・栄養指導・保健指導などの専門スタッフが協力して働く人の心身両面からの健康保持増進を図ろうとするものである。

本体1600円

PTSD
ポスト・トラウマティック・カウンセリング

久留　一郎

トラウマとは瞬間冷凍された体験だ。それを癒すには凍りついた体験を解凍し、従来の認知的枠組みの中に消化吸収してゆくことだ。

本体1700円

《21世紀カウンセリング叢書》
［監修］伊藤隆二・橋口英俊・春日喬・小田晋

構成的グループ・エンカウンター
片野智治

いろいろな集中的グループ体験のことである。他者とのふれあいを通してある特定の感情、思考、行動のとらわれなどから自分自身を解放し、人間的成長を目標としているのである
本体1700円

家族療法的カウンセリング
亀口憲治

家族を単に個人の寄せ集めと考えない。むしろ複数の家族成員と同席で面接を行うことによって、互いの関係を直接確認できる。その結果、家族関係をひとつのまとまりのある「心理系」として理解する見方が定着、その見方を基にして、問題の解決へ向けた具体的な援助技法が生み出されてきた。

本体1800円

間主観カウンセリング
伊藤隆二

本書は長年臨床心理学にたずさわってきた著者が身をもって体験してきた結果得た知識を基にして、現代心理学のゆきづまりを打破すべく鋭くその欠点を批判し、その結果、新たな心理学の確立をめざそうとする意欲的な心理学書である。

本体1800円

人生福祉カウンセリング
杉本一義

カウンセラーと、クライアントは一つの出会いによって人生の道連れとなり、共に歩いてゆくのである。本書は、人間が人間として生きる上で最も重要な人間性の活性化と充足を助ける幸福援助学である。

本体1900円

ＺＥＮ心理療法
安藤治

この療法は科学的、合理的、論理的検討の潜りぬけ、もはや宗教的修行ではない、日常生活のなかに「気づき」の機会を自分にあたえることができよう。

本体1900円

自殺予防カウンセリング
藤原俊通
高橋祥友

絶望的な感情を誰かに打ち明けようとしている「孤独の魂の叫び」を受け止められれば自殺予防が可能なのです。

本体1700円

《人間の発達と臨床心理学》

伊藤隆二・橋口英俊・春日喬　編

第１巻　生涯発達と臨床心理学

第１章　生涯発達の心理　第２章　心理的問題の縦断的考察　第３章　心理的問題の診断　第４章　主な心理療法　精神分析療法／来談者中心療法／行動療法／認知療法／論理療法／ゲシュタルト療法／催眠療法／イメージ療法／交流分析／内観療法／自律訓練法／森田療法／家族療法／集団療法／サイコドラマ／遊戯療法／箱庭療法とコラージュ療法／絵画療法／音楽療法／東洋医学的心理療法

本体３３０１円

第２巻　乳幼児期の臨床心理学

第１章　乳幼児期の発達心理　第２章　乳幼児期の心理的問題の理解　第３章　乳幼児期の心理診断　第４章　乳幼児期の心理治療　妊娠期の精神的問題とその対応／産褥期精神障害／初期発達障害／授乳障害／夜泣・夜驚／基本的生活習慣／乳幼児の心因性疾患／食事の問題／言語の問題／退行／反抗／性器いじり／嘔吐／内閉／ことばの遅れ　第５章　乳幼児期の精神的健康のために

本体３８００円

第３巻　学齢期の臨床心理学

第１章　学齢期の発達心理　第２章　学齢期の心理的問題の理解　第３章　学齢期の心理診断　第４章　学齢期の心理治療　吃音／緘黙／排泄の問題／呼吸困難／耐性虚弱／多動／学習障害／神経性習癖／肥満／劣等感／心身症的問題（頭痛・腹痛・嘔吐・頻尿）／脱毛／抜毛／自慰／登校拒否／いじめ／盗み　第５章　学齢期の精神的健康のために

本体３８００円

第４巻　思春期・青年期の臨床心理学

第１章　思春期・青年期の発達心理　第２章　思春期・青年期の心理的問題の理解　第３章　思春期・青年期の心理診断　第４章　思春期・青年期の心理治療　反抗／家庭内暴力／受験ノイローゼ／怠学／盗み／薬物乱用／青少年の心理機制とその事例研究／自信喪失／集団参加困難／思春期やせ症／アパシー／不定愁訴／性器劣等感／対人恐怖／自殺　第５章　思春期・青年期の精神的健康のために

本体３８００円

第５巻　成人期の臨床心理学

第１章　成人期の発達心理　第２章　成人期の心理的問題の理解　第３章　成人期の心理診断　第４章　成人期の心理治療　夫婦面接／嫁・姑の葛藤／児童虐待／モラトリアム／劣等感／孤立／不定愁訴／うつ／対象喪失／アルコール依存／性的逸脱／エイズカウンセリング／テクノストレス／出社拒否／過剰適応　第５章　成人期の精神的健康のために

本体３４００円

第６巻　老年期の臨床心理学

第１章　老年の心理　第２章　老年の心理的問題の理解　第３章　老年の心理診断　第４章　老年期の心理治療　身体変化／不定愁訴／家族間の葛藤／痴呆／被害妄想／生きがいの喪失／対象喪失／不治の病／死の不安／心身症／神経症／うつ／老年期の自殺　第５章　老年期の精神的健康のために

本体３１０７円